ELOGIOS PARA *P*...

«Mi autor favorito escribió un libro excelente para los que luchamos contra el temor, la ansiedad y la preocupación. Créeme, he leído todos los versículos bíblicos acerca de estos temas, pero lo que necesito hoy es un amigo y mentor que camine conmigo hacia la victoria sobre estos pecados paralizantes. Te exhorto a que tomes en tus manos un ejemplar de *Preocúpate menos, vive más*, y mientras tanto, ¡llévate otro para un amigo ansioso!».

    Greg Vaughn
        Productor cinematográfico ganador del premio Emmy; autor de *Letters from Dad*; y fundador de *Grace Ministries*

«Estamos en medio de un dilema. Jesús nos dice que Él es la vida. El agua de vida. El camino a la vida eterna. No obstante, solos en nuestra flaqueza, a veces experimentamos muy poco de esa vida de la cual habla, y nos ahogamos en un mar de preocupaciones, dudas, y temor. En *Preocúpate menos, vive más*, Robert J. Morgan, a través del poder de la Escritura y de las experiencias desafiantes de la vida, nos da verdaderos consejos espirituales a los que podemos aferrarnos. Deja que estas palabras te lleven de la mano y te saquen de ese mar de preocupaciones, hacia la vida que ansías».

    Matt Markins, presidente de *Awana Global Ministries*

«Los cambios inesperados en la vida. Las noches sin dormir. El temor a lo desconocido. La verdadera vida que muchos afrontamos más a menudo de lo que nos gustaría. Mientras leía *Preocúpate menos, vive más*, con su compasiva explicación de las palabras que trascienden en el tiempo del apóstol Pablo, las verdades eternas de Dios una vez más trajeron calma, consuelo y bienestar a mi alma. La travesía desde el *regocijo*, las *peticiones*, el *recuerdo* hasta el *descanso*, Robert guía al lector con ternura hacia el destino que Pablo, sin duda, había querido: una confianza llena de paz en la fidelidad de nuestro amoroso Dios».

    Ann Mainse
        Heart to Heart Marriage & Family Ministries, y antigua presentadora de los programas de televisión *100 Huntley Street* y *Full Circle*

«La preocupación es una experiencia común en la existencia humana. En su libro, *Preocúpate menos, vive más*, Robert Morgan aplica con sabiduría la pomada anti-preocupante de la Palabra de Dios, según se encuentra en Filipenses 4:4-9. Morgan examina con maestría este pasaje clave, principio por principio, para ayudar al lector a sentirse menos ansioso y más en paz. Preocúpate menos, vive más me ayudó en gran manera. ¡Es definitivamente un libro que debe leerse!».

    Moisés Esteves
        Vicepresidente de *International Ministries Child Evangelism Fellowship*

«En *Preocúpate menos, vive más*, Robert Morgan trae su serena autoridad para hablarles con amabilidad a las vidas de quienes se sienten ansiosos y temerosos, y nos ayuda a poner nuestras manos llenas de miedo en la seguridad de las manos cicatrizadas de nuestro Salvador».
Peter W. Rosenberger
Autor, presentador de radio y proveedor de cuidados por
treinta años

«Uno de los problemas más frecuentes de nuestra sociedad de "alta tecnología" es el estrés. Todos nos agobiamos por la ansiedad y la preocupación en algún momento, y si somos sinceros, a menudo les permitimos que dominen nuestras actitudes, nuestros procesos de pensamientos y nuestro comportamiento. Puede arruinar relaciones, empresas y familias, y puede dañar nuestra calidad de vida.

»El pastor Rob Morgan escribió uno de los libros más valiosos y reveladores que haya leído alguna vez, abordando este problema tan real y presente. Basado en Filipenses 4:4-9, es práctico, personal y relevante en gran medida».
Dr. W.E.G. (Bill) Thomas
Expresidente de Gedeones Internacionales y especialista en cirugía

«*Preocúpate menos, vive más* es un mensaje increíblemente oportuno para la cultura en que vivimos. En estos tiempos donde tanta gente vive atrapada en el temor y la ansiedad, este libro ofrece la esperanza que encontramos en la firme verdad de la Palabra de Dios. Las experiencias personales de Rob y su valiente transparencia nos permiten saber que este no solo es un ejercicio de estudio. Más bien, estas son percepciones y revelaciones nacidas de su propia travesía personal, a veces dolorosa. Creo que es un libro que querrás mantener cerca en los años venideros. No solo es una buena lectura, es una guía para encontrar esperanza y libertad todos los días».
Daniel Floyd
Pastor principal de *Lifepoint Church*; presidente de *Lifepoint College*; y autor de *Living the Dream*

«Si te has preocupado por encontrar un libro bíblico basado en la preocupación y la ansiedad, ¡se terminaron tus preocupaciones! En serio. Aquí lo tienes en esta importante obra de Robert Morgan sobre el tema. La sabiduría, información y el equilibrio emanan de estas páginas. Cualquier persona, sin importar su situación, recibirá bendición, ayuda y aliento al leerlo».
Phil Roberts
Director internacional de educación teológica, *Global Ministries Foundation*

«El Dr. Robert y yo somos amigos...y muchas de nuestras mejores conversaciones han sido a través de la lectura de sus libros...y este me hace querer *vivir más*... ¡y preocuparme menos!».
Dennis Swanberg
Ministro de ánimo en Estados Unidos

«Rob Morgan es un maestro en tomar verdades y temas bíblicos complejos, y analizarlos de manera hermosa en términos que sean aplicables y cambien la vida del creyente. Hoy en día, muchas personas están paralizadas por el temor, la preocupación y la ansiedad, y la necesidad de las prácticas descritas en *Preocúpate menos, vive más*, nunca ha sido mayor. Este es un plan poderoso y una guía dinámica para una vida llena de paz y propósito».
John Bolin
Ministro de adoración y artes, *First Baptist Church* de Houston

«Robert Morgan, en *Preocúpate menos, vive más*, nos ha proporcionado una maravillosa receta de fácil lectura de las Escrituras, en especial de Filipenses 4:4-9, a fin de ayudarnos a superar los efectos debilitantes, paralizantes y nauseabundos de la preocupación que apagan la fe. Podemos decir con plena seguridad que todos podríamos tener una vida mejor con menos preocupaciones.

»Este volumen nos señala una vida mejor, no mediante una solución rápida, sino por un compromiso con las prácticas bíblicas que contrarrestarán nuestros hábitos de preocupación y los sustituirán con hábitos que conduzcan a la paz de Dios y a una conciencia de la presencia del Dios de paz. El libro está lleno de útiles comentarios textuales, perspectivas personales y aptas ilustraciones. La guía de estudio también nos permite profundizar aún más en la aplicación de las ideas presentadas, transfiriéndolas a la práctica. Este libro es una muy buena lectura, y por la gracia de Dios, una que puede transformarles la vida no solo a los que se preocupan con regularidad, sino también a los que se preocupan pocas veces, ¡y esto nos incluye a la mayoría!».
David Olford
Presidente de *Olford Ministries International, Inc.*

PREOCÚPATE MENOS, VIVE MÁS

OTROS LIBROS DE ROBERT J. MORGAN

Las reglas del Mar Rojo
100 versículos bíblicos que todos debemos memorizar
Las aventuras de Lola Mazola en Mundo Feliz: Mi libro sobre Juan 3:16
The Strength You Need
Then Sings My Soul
Then Sings My Soul Book 2
Then Sings My Soul Book 3
12 Stories of Christmas
The Angel Answer Book
Mastering Life Before It's Too Late
All to Jesus
The Lord Is My Shepherd
The Promise
On This Day
Simple: The Christian Life Doesn't Have to Be Complicated
Reclaiming the Lost Art of Biblical Meditation

PREOCÚPATE MENOS, VIVE MÁS

Unilit

Publicado por
Unilit
Medley, FL 33166

© 2018 Unilit
Primera edición 2018

© 2017 por *Robert J. Morgan*
Título del original en inglés: *Worry Less, Live More*
Publicado por *W Publishing Group*, un sello de *Thomas Nelson*, y en asociación con *Yates & Yates*, www.yates2.com

Traducción: *Concepción Ramos*
Edición: *Nancy Pineda*
Diseño de cubierta e interior: *Gearbox*

Reservados todos los derechos. Ninguna porción ni parte de esta obra se puede reproducir, ni guardar en un sistema de almacenamiento de información, ni transmitir en ninguna forma por ningún medio (electrónico, mecánico, de fotocopias, grabación, etc.) sin el permiso previo de los editores. La única excepción es en breves citas en reseñas impresas.

A menos que se indique lo contrario, el texto bíblico se tomó de la Santa Biblia, Nueva Versión Internacional® NVI®
Propiedad literaria © 1999 por Bíblica, Inc.™
Usado con permiso. Reservados todos los derechos mundialmente.
Las citas bíblicas señaladas con (LBLA) son tomadas de *La Biblia de las Américas*®. Copyright © 1986, 1995, 1997 por The Lockman Foundation. Usadas con permiso. www.lbla.org.
El texto bíblico señalado con RVC ha sido tomado de la Versión Reina Valera Contemporánea™ © Sociedades Bíblicas Unidas, 2009, 2011. Antigua versión de Casiodoro de Reina (1569), revisada por Cipriano de Valera (1602). Otras revisiones: 1862, 1909, 1960 y 1995. Utilizada con permiso.
El texto bíblico indicado con «NTV» ha sido tomado de la *Santa Biblia*, Nueva Traducción Viviente, © Tyndale House Foundation 2008, 2009, 2010. Usado con permiso de Tyndale House Publishers, Inc., 351 Executive Dr., Carol Stream, IL 60188, Estados Unidos de América. Todos los derechos reservados.
Las citas bíblicas señaladas con PDT se tomaron de la Santa Biblia *La Palabra de Dios para Todos*. © 2005, 2008 por el *Centro Mundial de Traducción de la Biblia*.
El texto bíblico señalado con RV-60 ha sido tomado de la versión Reina Valera © 1960 Sociedades Bíblicas en América Latina; © renovado 1988 Sociedades Bíblicas Unidas. Utilizado con permiso. Reina-Valera 1960® es una marca registrada de las Sociedades Bíblicas Unidas, y puede ser usada solamente bajo licencia.
Las citas bíblicas señaladas con RVA se tomaron de la Santa Biblia, Versión Reina Valera Antigua. Dominio público.
Las citas bíblicas señaladas con BLPH se tomaron de la Santa Biblia *La Palabra* (versión hispanoamericana) © 2010 texto y edición, Sociedad Bíblica de España.
Las citas bíblicas señaladas con TLA se tomaron del texto bíblico: Traducción en lenguaje actual® © Sociedades Bíblicas Unidas, 2002, 2004. Traducción en lenguaje actual® es una marca registrada de Sociedades Bíblicas Unidas y puede ser usada solo bajo licencia.

Las cursivas añadidas a todas las citas bíblicas representan el énfasis del propio autor.

Las direcciones de los sitios web recomendados a lo largo de este libro se ofrecen como un recurso para el lector. Estos sitios web no están destinados en modo alguno a que impliquen un respaldo de la editorial ni a que responda por su contenido.

Producto: 495893
ISBN: 0-7899-2398-X / 978-0-7899-2398-1

Categoría: *Vida cristiana / Crecimiento espiritual / General*
Category: *Christian Living / Spiritual Growth / General*

Impreso en Colombia
Printed in Colombia

Para mi hermana Ann

No se inquieten por nada; más bien, en toda ocasión, con oración y ruego, presenten sus peticiones a Dios y denle gracias.

FILIPENSES 4:6

CONTENIDO

**PREFACIO: CÓMO ENTERRAR LA PREOCUPACIÓN
ANTES QUE LA PREOCUPACIÓN TE ENTIERRE A TI** xiii

INTRODUCCIÓN: «EN TODA OCASIÓN» xiii

1. **LA PRÁCTICA DE REGOCIJARSE** 1
   REGOCÍJENSE EN EL SEÑOR SIEMPRE. Y OTRA VEZ LES DIGO, ¡REGOCÍJENSE!: FILIPENSES 4:4, RVC

2. **LA PRÁCTICA DE LA GENTILEZA** 17
   QUE LA GENTILEZA DE USTEDES SEA CONOCIDA DE TODOS: FILIPENSES 4:5, RVC

3. **LA PRÁCTICA DE LA CERCANÍA** 35
   EL SEÑOR ESTÁ CERCA: FILIPENSES 4:5

4. **LA PRÁCTICA DE LA ORACIÓN** 53
   NO SE PREOCUPEN POR NADA. QUE SUS PETICIONES SEAN CONOCIDAS DELANTE DE DIOS EN TODA ORACIÓN Y RUEGO: FILIPENSES 4:6, RVC

5. **LA PRÁCTICA DE LA GRATITUD** 75
   CON ACCIÓN DE GRACIAS: FILIPENSES 4:6, RVC

CONTENIDO

6. LA PRÁCTICA DEL PENSAMIENTO — 91
POR ÚLTIMO, HERMANOS, CONSIDEREN BIEN TODO LO VERDADERO, TODO LO RESPETABLE, TODO LO JUSTO, TODO LO PURO, TODO LO AMABLE, TODO LO DIGNO DE ADMIRACIÓN, EN FIN, TODO LO QUE SEA EXCELENTE O MEREZCA ELOGIO: FILIPENSES 4:8

7. LA PRÁCTICA DEL DISCIPULADO — 107
PONGAN EN PRÁCTICA LO QUE DE MÍ HAN APRENDIDO, RECIBIDO Y OÍDO, Y LO QUE HAN VISTO EN MÍ: FILIPENSES 4:9

8. LA PRÁCTICA DE LA PAZ — 125
Y LA PAZ DE DIOS [...] CUIDARÁ SUS CORAZONES Y SUS PENSAMIENTOS [...] Y EL DIOS DE PAZ ESTARÁ CON USTEDES: FILIPENSES 4:7, 9

CONCLUSIÓN: «¡NO TE PREOCUPES!» — 143

UN PENSAMIENTO PARA TERMINAR — 147

OTRO PENSAMIENTO PARA TERMINAR — 149

RECONOCIMIENTOS — 151

GUÍA DE ESTUDIO PARA USO PERSONAL O EN GRUPO — 153

NOTAS — 183

ACERCA DEL AUTOR — 193

PREFACIO

CÓMO ENTERRAR LA PREOCUPACIÓN ANTES QUE LA PREOCUPACIÓN TE ENTIERRE A TI

Amazon sigue con cuidado lo que seleccionas en internet. Cuando los propietarios de libros electrónicos destacan oraciones, el comerciante minorista en línea lo sabe y lo registra. Hace poco, Amazon reveló una lista de los pasajes más populares en algunos de sus libros más vendidos, como *Los juegos del hambre*, la serie de *Harry Potter*, y *Orgullo y prejuicio*. También reveló el pasaje bíblico más destacado[1]. Esperaba que la porción bíblica favorita fuera Juan 3:16, el Salmo 23 o el Padrenuestro de Mateo 6:9-13. Sin embargo, no, fue un texto menos prominente, pero que toca las fibras más sensibles en el mundo preocupado de hoy. Se trata de Filipenses 4:6-7:

> No se inquieten por nada; más bien, en toda ocasión, con oración y ruego, presenten sus peticiones a Dios y denle gracias. Y la paz de Dios, que sobrepasa todo entendimiento, cuidará sus corazones y sus pensamientos en Cristo Jesús.

Este pasaje lo subrayé en mi propia Biblia, y es una porción de un párrafo que memoricé de la carta a los Filipenses. Estas palabras me han ayudado a no volverme loco, porque desde mi niñez he batallado contra la ansiedad. Tengo un diario lleno de historias que lo prueba. Nada turba mi espíritu como la preocupación. Es como una araña que teje sus telas de preocupación en mi mente y aprieta los hilos; y si hala con suficiente fuerza, me lleva en sus peores momentos a niveles fatales de temor.

Siento confesar algo así, porque he sido cristiano por largo tiempo, y he memorizado casi todos los versículos de la Biblia acerca de la preocupación y la paz. Sin embargo, también heredé una partícula genética perdida por parte de la familia de mi madre, y a veces ese gen se convierte en un microbio que causa estragos en mi sistema nervioso. Recuerdo a mi madre parada en el portal de nuestra casa en Elizabethton, Tennessee, retorciéndose las manos cuando las ambulancias corrían por la carretera 19-E rumbo a nuestro huerto de manzanas, a unos treinta y ocho kilómetros. Miles de personas vivían en esa carretera, pero mi madre vivía preocupada que mi padre hubiera sufrido algún accidente.

De niño sufría cuando perdía los libros de la biblioteca, y mi primer ataque de pánico vino cuando tuve que hacer informes orales en la escuela. Un par de pulmones paralizados no ayudan cuando uno quiere ser un orador público. Si tuviera tiempo, te contaría del momento en el instituto cuando tuve un fuerte ataque de pánico en el escenario, y por la gracia de Dios, salí de la experiencia prácticamente sanado del temor a hablar en público. Pero esa es otra historia. Baste decir que solo unas pocas de mis ansiedades han desaparecido muy de repente. Es difícil superar las presiones sociales de la escuela, la inseguridad de salir en citas y del noviazgo, y los cambios necesarios en el matrimonio cuando eres demasiado inseguro para hablar o le temes al rechazo. Uno tiende a escabullirse dentro de su propio mundo. A mí me gusta mi mundo (soy introvertido), pero no cuando la preocupación me atrapa allí.

No solo puedo culpar a mi ADN. La preocupación, que en esencia es una variante del miedo, es una respuesta racional a problemas y presiones verdaderas. La vida es más difícil de lo que esperamos, y hasta el Señor Jesús, el Príncipe de Paz, reconoció que «cada día tiene ya sus problemas» (Mateo 6:34). Jesús dijo: «En este mundo afrontarán aflicciones» (Juan 16:33). Incluso, en una ocasión dijo: «Ahora está turbada mi alma; ¿y qué diré?» (Juan 12:27, RV-60).

PREFACIO

Nuestras almas se turban con facilidad. El mundo y sus pruebas parecen empeorar. En casi cuarenta años de consejería pastoral he visto muchos cambios en la cultura, y da la impresión que nos inunda la angustia. La gente vive ansiosa, y parece que en todos aumentan la tensión y el escarnio. Estamos extralimitados, funcionando al vacío, y a menudo llegamos tarde. Vivimos preocupados y agotados. De pronto, nos alarma la política global y, luego, nos sentimos frustrados por un inodoro obstruido o un jefe malhumorado. El estrés nos mantiene en ascuas día y noche.

Los trastornos de ansiedad comprenden la mayoría de las enfermedades mentales en Estados Unidos. Oficialmente afecta a un dieciocho por ciento de la población adulta, pero el ciento por ciento de nosotros se preocupa por la vida diaria. Nos inquietamos y angustiamos cuando estamos frente a momentos de ansiedad, y esto pone presión sobre todo lo que hacemos, aun cuando nos estemos divirtiendo. Mientras escribo esto, me encuentro en un balcón en Naples, Florida, con vista al golfo de México. Debajo hay palmeras, gaviotas, una hermosa piscina y un mar plácido con sus olas rítmicas. Sin embargo, la preocupación no toma vacaciones. Casi no existe un momento en que me sienta libre por completo de las insinuaciones del temor, y aun ahora siento cierta inquietud por lo que quizá esté sucediendo en casa.

Necesitamos consejeros profesionales, terapeutas, médicos y personas con dones de sabiduría para que nos ayuden. La enfermedad mental puede tratarse en todos sus niveles, y la ciencia moderna ofrece muchas soluciones útiles. La nutrición, el ejercicio, el descanso y otros buenos hábitos nos ayudan mucho para lidiar con el estrés. Los medicamentos recetados por un médico, cuando se usan con sabiduría, pueden desempeñar un papel importante en nuestra sanidad. Los terapeutas y consejeros adecuados pueden, literalmente, salvarnos la vida.

No obstante, el simple tratamiento médico es incapaz de alcanzar las profundidades ocultas del alma. Necesitamos una visita del Gran Médico y una buena dosis de su verdad terapéutica. La Biblia es el recetario de nuestro Señor, y la meditación es más útil que los medicamentos. La reflexión frecuente de las Escrituras sana mejor la mente que cualquier consejero o lo más nuevo en la medicina. Para calmar nuestra mente en medio de la tormenta, todo tratamiento médico o psicológico debe estar anclado sobre una roca que mantenga el alma firme y segura.

Como nos dice Filipenses 4:4-9, para muchos las piezas que faltan son la paz de Dios y el Dios de paz. En las siguientes páginas quiero llevarte a través de estos versículos, pues son el pasaje principal de la Biblia acerca del problema de la ansiedad. Esta es la palabra más definitiva de Dios acerca de cómo vencer la ansiedad y experimentar su paz sobrecogedora. Por eso es el pasaje de la Escritura que todos quieren leer en Estados Unidos.

Para mí ha sido muy útil.

Es hora de declararle la guerra a la preocupación con las armas que nos da la Palabra infalible de Dios. Con el fundamento de la Escritura podrás vivir más, preocuparte menos y traerle más felicidad a cada día de tu vida.

Puedes enterrar la preocupación antes de que la preocupación te entierre a ti.

INTRODUCCIÓN

«EN TODA OCASIÓN»

Déjame contarte acerca de un hombre que conozco bien. Era un trabajador lleno de energía que se marchó de su hogar para viajar por el mundo como embajador espiritual, un misionero. Viajando hacia un pintoresco rincón del Mediterráneo, llegó a un puerto en el Egeo, precioso en su entorno, famoso por sus uvas, la producción de vino y queso blanco. Marineros, importadores, exportadores, estudiantes y filósofos de toda Europa y Asia fluían a través de las puertas y bahías de la ciudad, y su población era un crisol de humanidad. Los pescadores y financieros se sentían en casa por igual dentro de sus límites. Sin embargo, era un lugar oscuro, una ciudad sin luz espiritual. Se trataba de una ciudad que necesitaba con urgencia una esperanza, una iglesia.

Mi amigo, un estratega y misionero con experiencia, estaba tan dedicado como nadie había visto. Mientras exploraba los vecindarios de la ciudad, su corazón lloraba por dentro, y de inmediato vio las posibilidades de poner en marcha un ministerio eficaz. La ciudad era prácticamente una puerta abierta para la ayuda humanitaria y la evangelización. La gente tenía hambre de buenas noticias, y el misionero supo que podía hacer una buena obra allí.

En cambio, lo lamentable es que de nada sirvió. De repente, algo detuvo a este hombre y abandonó la obra antes de empezarla. Dejó la ciudad de pronto, el trabajo sin hacer, la puerta sin abrir. El problema no tenía que ver con la política, la persecución, las finanzas ni la poca salud. No había problemas con su pasaporte ni su visa, no había objeción oficial al trabajo, ni retos legales, ni acosos.

El hombre solo sufrió un ataque de ansiedad provocado por un evento muy lejano, y en el momento de mayor oportunidad, sus

INTRODUCCIÓN

emociones sufrieron el secuestro de una oleada de preocupación que le robó su capacidad de concentración. Se obsesionó de tal manera por la angustia que no podía funcionar. En un estado de pánico, el hombre hizo las maletas y comenzó a moverse como un vagabundo, incapaz de concentrarse, incapaz de seguir con su trabajo, incapaz de encontrar paz, con la esperanza de recibir buenas noticias más adelante.

Luego describió así lo que le sucedió:

> Ahora bien, cuando llegué a Troas para predicar el evangelio de Cristo, descubrí que el Señor me había abierto las puertas. Aun así, me sentí intranquilo por no haber encontrado allí a mi hermano Tito, por lo cual me despedí de ellos y me fui a Macedonia [...] Cuando llegamos a Macedonia, nuestro cuerpo no tuvo ningún descanso, sino que nos vimos acosados por todas partes; conflictos por fuera, temores por dentro. (2 Corintios 2:12-13 y 7:5)

El misionero que suspendió su trabajo en Troas fue el apóstol Pablo. Se preocupó tanto por los problemas en su obra principal en el lejano Corinto que no pudo concentrarse en las posibilidades en Troas. Pablo esperaba encontrarse con Tito allí con información actualizada y, esperaba, buenas noticias. En cambio, Tito nunca llegó, y Pablo no se podía concentrar en el trabajo que tenía por delante a causa de los temores por dentro y las inseguridades distantes.

Para mí, esto es un reconocimiento extraordinario, pues muestra el lado humano de un gran héroe de la Biblia, e indica que el apóstol estaba muy nervioso, lleno de energía, y predispuesto a la ansiedad. Batallaba con los «temores internos» de manera tan intensa como con los «conflictos de fuera».

Pablo no es el único. Cuando hace poco la revista *Glamour* entrevistó a una actriz famosa, la reportera le preguntó por qué vivía en reclusión, por qué no salía y se divertía más, por qué no iba a muchas fiestas. La joven contestó:

—Es triste, en realidad, porque mi ansiedad no me deja disfrutar las cosas como debería a mi edad.

INTRODUCCIÓN

— ¿De veras? —preguntó la reportera—. Sé de muchas jóvenes que padecen de ansiedad. Es una valentía de tu parte hablar de eso.

—Hace tiempo que uso pastillas —explicó la actriz—, me tienen cansada siempre. La ansiedad no te deja vivir[1].

Quizá sepas por experiencia personal que la ansiedad en sus muchas formas puede detener o retardar tu gozo, energía, entusiasmo, confianza, y el bienestar de tu vida. Alguien definió la preocupación como un chorrito de temor que vaga por la mente y corta un canal hacia el cual fluyen todos los demás pensamientos[2].

La ansiedad es un modo de preocupación, una carga pesada, una sensación de desasosiego, y una presión nerviosa que cubre nuestra personalidad como el esmalte. Inquieta y perturba el alma. A veces no es más que un aleteo o un nudo en el estómago; otras veces se manifiesta en ataques de pánico o episodios de estrés postraumático; a menudo nos vemos atrapados en un puño por temores que devastan nuestros circuitos.

Según el *New York Times*, los estadounidenses están entre la gente más ansiosa sobre la tierra. El *Times* reportó sobre un estudio investigativo que llevó a cabo el *World Mental Health Survey* que reveló que los estadounidenses eran las personas más ansiosas entre las catorce naciones que abarcó la investigación. Los estadounidenses eran significativamente más ansiosos que los residentes de naciones como Nigeria, el Líbano y Ucrania. Cada año gastamos miles de millones de dólares en medicamentos contra la ansiedad, y muchos millones más para financiar investigaciones a fin de encontrar las causas y las curas para los trastornos de ansiedad[3].

Otro reciente estudio sugirió que los niños maniáticos con la comida, podrían más adelante ser más propensos a la ansiedad[4]. Otro estudio sugiere que el estrés durante la niñez puede afectar la composición de las bacterias del estómago y los intestinos, e influir en la salud mental provocando ansiedad[5].

Otros expertos estudian la relación entre la ansiedad y la genética. Investigadores de la Universidad de Wisconsin-Madison informaron que un estudio de monos reveló que algunos tenían un «temperamento más ansioso» que otros, y los científicos pudieron encontrar una conexión

INTRODUCCIÓN

hereditaria. Según un informe en *Proceedings of the National Academy of Sciences*, un treinta por ciento de la ansiedad humana puede atribuírsele a factores heredados. Esto significa, observan los investigadores, que el setenta por ciento de nuestras ansiedades pueden afectarse si solo cambiamos nuestras perspectivas y nuestros hábitos[6].

Hace poco, la revista *Time* dedicó su artículo de portada a la ansiedad en los adolescentes, y el titular fue: «Los muchachos no están bien: los adolescentes estadounidenses están ansiosos, deprimidos y agobiados». El artículo señaló que se trata de «la generación tras el 11 de septiembre, criados en una era de inseguridad económica y nacional. Nunca conocieron una época cuando el terrorismo y los tiroteos en las escuelas no fueran la norma. Crecieron mirando a sus padres atravesar una recesión severa y quizá, lo que es más importante, llegaran a la pubertad en un momento cuando la tecnología y las redes sociales transformaban la sociedad».

Un experto dijo: «Si quisiéramos crear el ambiente perfecto para generar gente ansiosa, ya lo hicimos».

Un adolescente explicó: «Somos la primera generación que no puede escapar en lo absoluto de los problemas. Somos como pequeños volcanes. Estamos recibiendo esta presión constante de los teléfonos, las relaciones, de la forma en que son las cosas hoy en día»[7].

La revista no le atribuyó ninguna culpa al secularismo con sus implicaciones que inducen a la desesperación. Ya son varias las generaciones de niños que navegan por un sistema de educación secular donde se tratan a Dios, las Escrituras y la oración como sustancias prohibidas, donde la vida espiritual de los alumnos es inexistente, y donde a los jóvenes se les adoctrina con la hipótesis de que no son nada, sino solo moléculas mutadas de lodo primordial que de alguna manera evolucionaron en seres de carbono sin un propósito final, destinados a perecer con rapidez y sin esperanza en un universo indiferente. Los educadores pasan cuarenta horas a la semana inculcando este mensaje en la mente de nuestros niños, y luego gastan millones de dólares investigando por qué los jóvenes batallan contra la ansiedad y la depresión.

Aun así, los que conocemos al Señor, amamos nuestras Biblias y comprendemos la esperanza segura que tenemos, también luchamos

INTRODUCCIÓN

a causa de nuestro corazón ansioso. Todos los factores que mencioné (y otros más) contribuyen a la ansiedad. Todos somos diferentes, con diversas características genéticas, de diversos orígenes, y la ansiedad es un problema complejo. Sin embargo, creo que la causa principal de la ansiedad es simple: somos personas ansiosas porque tenemos mucho de qué preocuparnos. Vivimos dando vueltas en un planeta lleno de millones de peligros. A diario afrontamos muchas tensiones y angustias, que a menudo llegan sin invitación y de manera imprevista. Hemos multiplicado los temores por nuestros hijos, nuestros seres queridos, nuestras familias, nuestras iglesias, nuestra nación, nuestro mundo y hasta por nosotros mismos. Tenemos preocupaciones válidas acerca de nuestra salud y nuestras finanzas, acerca de nuestra protección y seguridad.

Nadie sabe lo que nos deparará el próximo día. En cualquier momento todos estamos sujetos a accidentes debilitantes o una muerte súbita. El ritmo de la vida es más rápido que lo que podemos controlar, las relaciones son difíciles y los problemas de la vida mayores de lo que podemos soportar. Los padres se preocupan por sus hijos más que nada, y los padres mayores se preocupan por sus hijos adultos más de lo que los padres más jóvenes se preocupan por los niños pequeñitos. Las preocupaciones son más hondas a medida que envejecemos. Según nos acercamos cada vez más a la tumba, nuestras preocupaciones son cada vez más grandes.

A decir verdad, cuando miro la condición del mundo, me maravillo que no nos preocupemos todavía más, y me siento agradecido por quienes nos ayudan a abordar estas cosas con la genética, la nutrición, la medicina, el intelecto y el estilo de vida. Siento profundo aprecio por los médicos, enfermeros, consejeros, terapeutas, psicólogos, psiquiatras, investigadores, pensadores positivos, pastores, sanadores por la fe y amigos que me han ayudado en el curso de mis tiempos de ansiedad.

Entonces, si no tenemos un fundamento espiritual basado en el Señor Jesucristo, nada nos puede ofrecer una ayuda duradera. La solución principal de la ansiedad es la palabra reconfortante del Dios todopoderoso. No hay terapia en el mundo que se iguale a la teología de la Biblia. Necesitamos que la ayuda venga de fuera de nosotros y de nuestro mundo ansioso. El humanitario alemán Jorge Müller habló

INTRODUCCIÓN

por varios de nosotros cuando dijo: «Muchas veces, cuando hubiera podido enloquecer a causa de la preocupación, tenía paz porque mi alma creía en la verdad de la promesa de Dios»[8].

Tenemos que atacar la ansiedad sobre la base de la verdad espiritual, y creo que fue así que el apóstol Pablo lidió con su propio problema de preocupación y estrés. Conociéndolo como lo conocemos por las páginas del Nuevo Testamento, podemos pensar que le hiciera frente a sus problemas con todas las armas espirituales disponibles. Sin importar sus circunstancias, su predisposición genética, su personalidad o su herencia, Pablo fue un hombre que buscaba mejorarse como persona, y se esforzaba por lograr el progreso espiritual, avanzando siempre hacia la meta por el premio del supremo llamamiento de Dios. Quería que el Espíritu Santo gobernara su espíritu, alma y cuerpo.

Mientras que el apóstol Pablo buscaba en oración entre sus libros y pergaminos, y se volcaba sobre las Escrituras hebreas, creo que desarrolló un protocolo para el tratamiento de su ansiedad. Después de todo era un estratega y elaboró todo un plan para vencer la preocupación. Como médico del alma, supo medicarse a sí mismo sabiamente con la verdad bíblica.

Por fin llegó el día cuando estuvo listo para hablar de su método para hacerle la guerra a la preocupación, y nos lo dio en la carta de Filipenses. En Filipenses 4:4-9 encontramos la solución que Pablo elaboró para el problema que describió en 2 Corintios 2. En 2 Corintios 2:13, alrededor de 55 d. C., escribió acerca de su paralizante ansiedad. Unos siete años más tarde, cerca de 62 d. C., les dijo a los filipenses su plan de ocho partes a fin de vencer la devastadora ansiedad.

Aquí, en este memorable pasaje de Filipenses, tenemos el plan de Pablo para eliminar los pensamientos de ansiedad y calmar nuestras mentes en cualquier situación. Creo que Filipenses 4:4-9 es de naturaleza testimonial. El apóstol Pablo les daba a sus amigos las lecciones que él mismo creó mientras batallaba contra sus propios mundos internos de preocupación.

Aquí está lo que escribió:

Alégrense siempre en el Señor. Insisto: ¡Alégrense! Que su amabilidad sea evidente a todos. El Señor está cerca. No se inquieten por nada;

más bien, en toda ocasión, con oración y ruego, presenten sus peticiones a Dios y denle gracias. Y la paz de Dios, que sobrepasa todo entendimiento, cuidará sus corazones y sus pensamientos en Cristo Jesús.

Por último, hermanos, consideren bien todo lo verdadero, todo lo respetable, todo lo justo, todo lo puro, todo lo amable, todo lo digno de admiración, en fin, todo lo que sea excelente o merezca elogio. Pongan en práctica lo que de mí han aprendido, recibido y oído, y lo que han visto en mí, y el Dios de paz estará con ustedes.

Nota la extensa naturaleza de este consejo. Da resultados «en toda ocasión» (versículo 6). Nótese también la frase instructiva casi al final del párrafo en el versículo 9: «Pongan en práctica». Estos versículos describen las prácticas que debemos desarrollar para vencer una mente ansiosa en toda situación:

- La práctica de regocijarse
- La práctica de la gentileza
- La práctica de la cercanía
- La práctica de la oración
- La práctica de la gratitud
- La práctica del pensamiento
- La práctica del discipulado
- La práctica de la paz

La palabra *práctica* implica que debemos esforzarnos por desarrollar ciertas habilidades hasta que se conviertan en hábitos o destrezas, como un atleta o un músico. Estos son los hábitos perpetuos de una experiencia gradual y gloriosa con el Dios de paz. Gretchen Rubin, en su libro *Mejor que nunca: Aprende a dominar los hábitos de la vida cotidiana*, llamó hábitos a «la arquitectura invisible de la vida diaria. Casi todos los días repetimos alrededor del cuarenta por ciento de nuestro comportamiento. Por eso es que los hábitos dan forma a nuestra existencia y nuestro futuro»[9]. Luego, continúa explicando: «Con los *hábitos* conservamos nuestro autocontrol. Debido a que para tener el hábito de

INTRODUCCIÓN

poner la taza de café sucia en el lavaplatos de la oficina, no necesitamos la autodisciplina para realizar esta acción, sino que la hacemos de manera automática, sin pensarlo»[10]. También añadió: «Los hábitos marcan nuestro destino. Transformarlos nos permite alterar ese destino»[11].

En lo relacionado con la ansiedad, parece que Pablo logró progresar bastante en cambiar sus hábitos y su destino entre los años 55 d. C. y 62 d. C., y nosotros podemos hacerlo también. En la tierra, quizá nunca podamos ser inmunes por completo a la ansiedad. Aun en los capítulos anteriores de Filipenses, Pablo reconoció estar un poco nervioso por la salud de su amigo Epafrodito, que estuvo al borde de la muerte. Escribió: «Así que lo envío urgentemente para que, al verlo de nuevo, ustedes se alegren y yo esté menos preocupado» (Filipenses 2:28).

Puede que sea imposible evitar episodios de preocupación en la vida, pero Pablo estaba decidido a estar «menos preocupado» y mejorar su salud mental. Quería preocuparse menos y vivir más.

Su ejemplo nos enseña que podemos mejorar; que podemos progresar; que podemos ganar la batalla contra la preocupación; y que podemos ir de la inquietud a la fe. En las páginas siguientes, te invito a explorar conmigo el pasaje de Filipenses 4:4-9 y hacer este maravilloso descubrimiento: aunque en el mundo actual hay muchos motivos para estar preocupados, hay *muchos más* para no estarlo. Dios no quiere que la preocupación nos debilite, sino que seamos fortalecidos por la gracia.

En una de las muchas bendiciones que encontramos en la Biblia, se nos da esta muy sencilla:

> Que el Señor de paz les conceda su paz siempre y en todas las circunstancias. El Señor sea con todos ustedes. (2 Tesalonicenses 3:16)

Siempre y en cada situación, el Señor de paz quiere darte paz en todas las circunstancias. Con esto en mente, profundicemos en Filipenses 4:4-9, versículo por versículo, renglón por renglón, decididos a llevarnos a nosotros mismos a un mejor lugar mental, emocional y espiritual, en toda ocasión.

CAPÍTULO UNO

LA PRÁCTICA DE REGOCIJARSE

Regocíjense en el Señor siempre. Y otra vez les digo, ¡regocíjense!

FILIPENSES 4:4, RVC

Hace varios años, un maestro religioso en la India llamado Meher Baba ganó una audiencia global con su extraño estilo de misticismo oriental. Decía ser Dios en forma humana y pensaba que era el «avatar de la era», pero no tenía nada que decir, al menos con palabras. Era famoso por su silencio. Hasta donde sabemos, Baba no pronunció ni una sola palabra en cuarenta años. Se comunicaba usando un tablero con el abecedario, haciendo gestos con las manos o enviándoles cables a sus seguidores. Creía que el universo era una ilusión, que nosotros solo éramos simples invenciones de la imaginación de algún poder superior. Como nada es real, suponía, no hay nada que nos perturbe. Su dicho más famoso era corto y sencillo: «No te preocupes. Sé feliz». En esencia, la vida es un espejismo, enseñaba; entonces, ¿para qué preocuparse? Diviértete mientras dure y solo sé feliz.

En Estados Unidos, el mensaje de Baba tocó la fibra más sensible con el envejecimiento de la generación de la posguerra y la emergente «generación X». Uno de sus devotos, Bobby McFerrin, convirtió el eslogan de Baba en una popular canción en la década de los ochenta: «Don't Worry Be Happy» [No te preocupes, sé feliz].

McFerrin cantaba en un estilo alegre con un festivo acento caribeño, y doblaba las partes instrumentales con sonidos que hacía con la voz. La canción se convirtió en el primer éxito a capela que llegó a la lista de cien éxitos de la revista musical *Billboard*, y podía oírse por todas partes: campañas presidenciales, películas de largometraje, programas de televisión y videojuegos, y la interpretaban tanto superestrellas musicales como coros escolares. Se convirtió en el himno nacional no oficial de Jamaica cuando los sobrevivientes del huracán Gilbert se recuperaban de la tormenta. Durante los últimos y turbulentos años del siglo XX, con solo cuatro palabras transmitió una simple filosofía y estrategia factible para la vida: *Don't Worry Be Happy*.

¡Si solo fuera así de fácil!

¡Imagínate! ¿Qué tal si un eslogan de solo cuatro palabras nos pudiera transportar a una playa caribeña sin camisa, sin zapatos y sin problemas? ¿Qué tal si solo pudiéramos vivir en un mundo donde se encontraran Bobby McFerrin y Kenny Chesney, y todos nos uniéramos en el coro! ¡Si solo un mantra pudiera producir una vida llena de bebidas frías, aguas cristalinas que acarician la playa, brisas tropicales y atardeceres teñidos de naranja!

Sin embargo, la vida no es una ilusión y no podemos lidiar con la preocupación con tanta facilidad. Hace falta más que las cuatro palabras de una canción. Hace falta el cuarto capítulo de Filipenses y las verdades sólidas que contiene. El eslogan «No te preocupes, sé feliz» puede expresar la realidad que queremos, pero no nos da un mapa para llegar. No tiene una brújula. No tiene doctrina ni teología. No tiene fundamento en la realidad. Tiene energía, pero no promesa.

La Biblia no dice mucho acerca de ser feliz, porque la *felicidad* es una emoción que viene y va según las circunstancias. La Biblia habla de algo más profundo: el *gozo* y la *alegría*, que son disposiciones del corazón. Por eso es que el gozo y la tristeza no se excluyen entre sí. A Jesús lo ungieron con aceite de alegría, pero lloró (Hebreos 1:9; Juan 11:35). El apóstol Pablo habló de estar tristes, pero siempre alegres (2 Corintios 6:10).

La felicidad es una emoción; la alegría es una actitud. Las actitudes son más profundas; más ricas; y las actitudes adecuadas proveen el suelo para emociones más saludables según maduramos. Las emociones van y vienen, pero las actitudes vienen y crecen. Según Filipenses 4:4, el primer paso para vencer la ansiedad es cultivar una actitud de regocijo.

No es *No te preocupes; sé feliz.*
Es *Regocíjense en el Señor siempre. Y otra vez les digo, ¡regocíjense!*

Es posible que puedas alegrarte hoy. Según el apóstol Pablo, la guerra contra la preocupación comienza cuando nos acercamos al Señor, que es la fuente de esperanza y nuestro depósito de gozo. Observa la naturaleza empática de Filipenses 4:4 (RVC):

- *Regocíjense.*
- Regocíjense *en el Señor.*
- Regocíjense en el Señor *siempre.*
- Regocíjense en el Señor siempre. *Y otra vez les digo...*
- Regocíjense en el Señor siempre. Y otra vez les digo, *¡regocíjense!*

Pablo repitió la frase porque necesitamos una doble porción. Sin embargo, ¿qué significa en realidad «regocíjense en el Señor siempre». Después de considerar esto por muchos años, he llegado a verlo en cuatro dimensiones.

UN MANDAMIENTO QUE OBEDECEMOS

En primer lugar, regocijarse es un mandamiento a obedecer. La gramática sugiere esto, porque el versículo 4 se escribió en modo imperativo. Se trata de lo que Dios espera que hagamos. Piensa de nuevo en la lucha personal del apóstol Pablo con la ansiedad. Según las pistas tomadas de sus escritos (como 2 Corintios 2:12-13), creo que era un hombre de energía nerviosa que luchaba contra ataques periódicos de estrés.

Yo mismo padezco de esa misma aflicción, y cuando sufro un ataque de nervios, nada me ayuda más que sentarme con mi Biblia y buscar versículos, promesas y verdades de Dios apropiadas a mi necesidad en ese momento. Me imagino que Pablo haría lo mismo.

Aunque tenía muy poco o casi nada del Nuevo Testamento, tenía todas las Escrituras hebreas (el Antiguo Testamento), las cuales dijo que fueron «inspiradas» y eran «útiles» (2 Timoteo 3:16). Sabemos que Pablo se volcaba sobre los rollos y pergaminos (2 Timoteo 4:13), y a los romanos les dijo: «Todo lo que se escribió en el pasado se escribió para enseñarnos, a fin de que, alentados por las Escrituras, perseveremos en mantener nuestra esperanza» (Romanos 15:4).

Puesto que nosotros sabemos ir a la Biblia y buscar versículos que nos ayuden en nuestros momentos de necesidad y debilidad, es lógico que podamos dar por sentado que Pablo hacía lo mismo. Al igual que nosotros, no podía vivir sin los pasajes, frases, versículos, verdades, promesas y mandamientos de la Palabra de Dios. Creo que su estudio de las escrituras hebreas le dio la frase que destacó en Filipenses: *Regocíjense en el Señor*.

Esta es una expresión del Antiguo Testamento. Es más, excepto cuando Pablo la cita en Filipenses 3:1 y 4:4, no aparece en el Nuevo Testamento. Sin embargo, en el Antiguo Testamento la encontramos once veces.

Desde 1 Samuel y hasta el profeta Zacarías, se nos exhorta a que nos regocijemos en el Señor, y las referencias tienen tanta autoridad como los Diez Mandamientos. Cuando leemos las palabras «Regocíjense en el Señor», siempre las vemos en modo imperativo directo. Es algo que Dios espera de nosotros, un mandamiento que debemos obedecer. Es parte de la obediencia y la justicia, y es pecado no prestarle atención.

Vamos a seguirle la pista rápidamente a los once usos de esta frase en el Antiguo Testamento:

- La primera persona que habló de «regocijarse en el Señor» fue Ana, una mujer que luchó contra la ansiedad extrema debido a las severas batallas en su hogar. Sin embargo, en 1 Samuel 2, el Señor le concedió gracia en medio de sus tribulaciones y, mientras adoraba con su hijito, Samuel, en el tabernáculo en Siló, exclamó: «Mi corazón *se regocija en el Señor*» (LBLA). Había encontrado el secreto para convertir su dolor en alabanza.

- La próxima vez que vemos la frase es de la pluma de David, después de arrepentirse de su pecado devastador. Encontró el perdón de Dios, comenzó de nuevo, volvió a vivir en la voluntad del Señor, y exclamó en el Salmo 32:11: «¡Alégrense, ustedes los justos; *regocíjense en el Señor*! ¡canten todos ustedes, los rectos de corazón!».
- También encontramos esta frase en el Salmo 35, cuando David batallaba contra un ataque de sus enemigos. Oró por liberación y prometió: «Mi alma se *regocijará en el Señor*; en su salvación se gozará» (LBLA). Declaró: «¿Quién como tú, Señor? Tú libras de los poderosos a los pobres» (vv. 9-10).
- El Salmo 64:10 nos dice que nos *regocijemos en el Señor*, que busquemos refugio en Él y que le alabemos.
- El Salmo 97:12 ordena: «*Alégrense en el Señor*, ustedes los justos, y alaben su santo nombre».
- En el Salmo 104:33-34 (RV-60), el escritor dijo: «A Jehová cantaré en mi vida [...] Dulce será mi meditación en él; yo me *regocijaré en Jehová*».
- Isaías 29:19 dice: «Los pobres volverán a *alegrarse en el Señor*, los más necesitados se regocijarán en el Santo de Israel».
- Más tarde, una vez más Isaías le dice a sus oyentes: «Tú te *regocijarás en Jehová*, te gloriarás en el Santo de Israel» (Isaías 41:16, RV-60).
- Joel 2:23 dice: «Alégrense, hijos de Sión, *regocíjense en el Señor* su Dios, que a su tiempo les dará las lluvias de otoño».
- La próxima mención de esta frase viene al final del libro de Habacuc, en un pasaje que es la más visual representación de una fe pura en la Palabra de Dios: «Aunque la higuera no florezca, ni haya frutos en las vides; aunque falle la cosecha del olivo, y los campos no produzcan alimentos; aunque en el aprisco no haya ovejas, ni ganado alguno en los establos; aun así, yo me *regocijaré en el Señor*, ¡me alegraré en Dios, mi libertador!» (3:17-18). Aunque todo lo demás salga mal, el Señor permanece fiel, y podemos regocijarnos en Él.
- La última referencia está en Zacarías 10:7, donde el Señor promete que los atribulados israelitas verían mejores días, serían más felices, y por instinto obedecerían el mandato de *alegrarse en el Señor*.

En Filipenses 4, el apóstol Pablo buscó entre sus estudios de estas Escrituras, tomó la poderosa frase, y la usó como el primer paso en su fórmula para vencer la preocupación. Esto, sentía él, era el punto de partida. No el final, sino el principio de un proceso de enterrar la preocupación antes de que la preocupación nos enterrara a nosotros.

Regocijarnos en el Señor demuestra nuestra disposición de confiar en Dios de tal manera que repercuta en nuestras actitudes. Cuando nos proponemos depender de Él en la tormenta y en la calma, las cargas se levantan aun si las circunstancias del momento no cambian o deterioran. Cuando confiamos en sus promesas, nuestro espíritu se eleva, las emociones se levantan y nuestra perspectiva mira hacia Dios. Quizá tu espíritu esté abatido ahora; el mío lo está a menudo. No obstante, es inútil y hasta pecaminoso mantenernos en esa situación.

Juan Wesley, fundador del metodismo, fue bendecido con un espíritu lleno de vitalidad y fuerte. Cuando se publicó una colección de sus cartas, su amigo, Samuel Bradburn, escribió la introducción del volumen y aprovechó la oportunidad para describir la asombrosa habilidad de Wesley para mantener un espíritu optimista:

> En ningún momento de mi vida lo vi desalentado, ni podía soportar estar con una persona melancólica. Cuando hablaba de alguien que se imaginaba que la religión hacía que la gente se pusiera triste o pesimista, le escuchaba decir desde el púlpito que «la piedad amargada era la religión del diablo». En respuesta a una carta que le escribí (durante una época de fuerte tentación), me dijo estas palabras: «(Tu) melancolía está en oposición directa al espíritu cristiano. Todo creyente debe disfrutar la vida». Nunca se dejó dominar por el dolor extremo. Le escuché decir: «No me atrevería a tener miedo, como no me atrevería a maldecir ni a blasfemar»[2].

El entusiasmo natural de Wesley lo respaldaba una creencia firme de que la preocupación era algo tan pecaminoso como la maldición y la blasfemia. Entendía bien Filipenses 4:4. El regocijo no solo es una buena idea, una sugerencia placentera ni una cualidad elogiable. El pueblo de Dios tiene el llamado a disfrutar la vida, incluso hoy.

Debemos estar alegres y eso no es opcional. Es un mandamiento del Dios de todo gozo que no quiere que sus hijos duden de su providencia, desconfíen de sus promesas, ni menosprecien su soberanía.

UNA DECISIÓN QUE TOMAMOS

Esto me conduce a la siguiente dimensión del versículo 4. Regocijarnos en el Señor no solo es un mandamiento que debemos obedecer, es una decisión que debemos tomar. Dios no nos da mandamientos sin darnos también la gracia que necesitamos para obedecerlos. He aprendido por fuerza que debo ejercer control sobre mis actitudes. Dicho con más exactitud, debo dejar que el Espíritu Santo sea quien las controle. No tengo que vivir a la merced de mis emociones. Puedo decidir sonreír, levantarme del piso, mirar hacia el cielo y decidir que voy a servir al Señor con alegría. A decir verdad, es difícil de hacer. No podría hacerlo sin la verdad de las Escrituras y la gracia de Dios. Llega el momento cuando tenemos que decir: «Estoy cansado de vivir en el temor cuando Dios me dice que camine por fe y me regocije siempre en Él. Voy a cambiar mi perspectiva y voy a mirar hacia arriba, aunque me tenga que obligar a mí mismo a adoptar una mejor actitud».

Todos luchamos con el desaliento. Luchamos con la ansiedad. En cambio, con el poder de la Escritura y el Espíritu Santo viviendo en nosotros, podemos aprender a regular nuestra personalidad. Si de pronto me sobrecoge el miedo por la seguridad de mi hijo en la escuela, puedo detenerme, entregárselo al Señor y recordar que Él está presente con mi hijo en todo momento, y debo regocijarme de inmediato. Quizá no podamos evitar sentirnos angustiados, pero no tenemos que permanecer en esa condición. Podemos decir con el escritor del Salmo 42: «¿Por qué te desanimas, alma mía? ¿Por qué te inquietas dentro de mí? Espera en Dios» (v. 5, RVC). No nos podemos dar el lujo de quedarnos deprimidos, enojados, ansiosos o temerosos. Debemos aclimatar la mente a un plano más alto aprendiendo a regocijarnos en el Señor.

Aun así, nota la frase preposicional *en el Señor*. Sin esta, el versículo no tiene sentido. No podemos regocijarnos siempre en nuestras circunstancias. De seguro que no podemos deleitarnos en la gente o los problemas que nos plagan. No siempre podemos regocijarnos de la condición del mundo ni de nuestros hogares, matrimonios, trabajos, salud o finanzas. Esas cosas son un fundamento muy pobre para el gozo. En cambio, cualquiera que sean las circunstancias, siempre podemos regocijarnos en nuestro Señor.

Esto significa que nos regocijamos en su *presencia*, pues en su presencia hay plenitud de gozo.

Nos regocijamos en sus *preceptos* y *promesas*, pues Dios nos dio una promesa en la Biblia para contrarrestar todo pensamiento ansioso o momento de estrés en la vida. El Salmo 19:8 dice: «Los preceptos del Señor son rectos: traen alegría al corazón».

Podemos regocijarnos en su *providencia*, pues sabemos que todas las cosas obran para bien de los que le aman (Romanos 8:28).

Podemos regocijarnos en su *perdón*, pues con el perdón viene la restauración de su gozo. Podemos regocijarnos en sus *caminos* y *propósitos* para nosotros. Podemos regocijarnos en su *provisión*, pues nuestro Dios suplirá para todas nuestras necesidades (Filipenses 4:19).

Podemos regocijarnos en su *protección*, pues nunca nos abandonará ni nos desamparará. Podemos regocijarnos en su *paraíso*, porque vivir es Cristo y morir es ganancia (Filipenses 1:21).

En toda ocasión, aun cuando sean pocos los motivos que tengamos para ser felices, podemos regocijarnos en nuestro Señor, en sus atributos, en su infinita gracia y en su comunión. La mejor manera de generar la alegría en tu vida es cultivar una relación con Jesús y dejarle que transforme tu personalidad y renueve tus pensamientos (Romanos 12:1-2; 1 Tesalonicenses 5:16-18).

UNA CONDICIÓN QUE CULTIVAMOS

Entonces, regocijarnos en el Señor es un mandamiento que debemos obedecer, una decisión que debemos tomar y una condición que debemos cultivar. Al igual que preparamos una planta trepadora con una poda ornamental, debemos preparar nuestra mente y nuestro estado de ánimo para seguir el enrejado del gozo.

Cuando Pablo les escribió a los filipenses, todo le iba mal. Es probable que escribiera esta epístola, como dije, alrededor del año 62 d. C., desde una cárcel romana. No sé si has estado alguna vez en Italia durante el verano, pero el calor puede ser insoportable. En invierno, la temperatura puede caer por debajo del punto de congelación. Pablo estaba encadenado en una celda sin aire acondicionado ni calefacción, y afrontaba una tensa batalla legal por su libertad. Además, era un hombre de edad avanzada. Esperaba emprender un cuarto viaje misionero; soñaba con la evangelización de España. En su lugar, las cadenas de hierro hacían ruido cada vez que se movía, y el aseo y el sustento eran limitados.

Pudiéramos esperar que estuviera ansioso. Pudiéramos hasta pensar que se sintiera frustrado o deprimido al escribir la carta a los Filipenses. Pudiéramos detectar en sus palabras un tono de autocompasión, preocupación o tristeza. Sin embargo, ¡no! Filipenses es la epístola del gozo. Hace poco leí esta pequeña carta con un lápiz rojo en la mano, y señalé todas las referencias que encontré sobre el gozo y la alegría.

En la oración de apertura, Pablo oró por los filipenses con alegría (1:4). Consideraba su encarcelamiento como algo que permitió Dios, y ya había visto algunos de los beneficios cuando dijo: «Por eso me alegro; es más, seguiré alegrándome» (1:18).

Pablo quería seguir ministrando a los filipenses por su jubiloso avance en la fe (1:25), y anhelaba que lo alegraran a cambio (2:2). Él se alegraba y se regocijaba en ellos, y quería que ellos se alegraran y se regocijaran con él (2:17-18). Les dijo que recibieran a Epafrodito con gozo (2:29, RVC).

En Filipenses 3:1, les dijo que «se alegraran» en el Señor, y un capítulo más adelante repitió: «Regocíjense en el Señor siempre. Y otra vez les digo, ¡regocíjense!» (4:4, RVC).

Finalizó la carta a los Filipenses diciéndoles cómo se alegró «muchísimo», pues le enviaron una ofrenda para apoyar su ministerio y cómo había aprendido a contentarse en toda situación (4:10-11).

El apóstol Pablo podía haber interpretado su infortunio con negatividad, pero en su lugar lo veía a través del lente de la providencia y la soberanía de Dios, y decidió mantener una actitud de gozo. Y como el gozo es un mandamiento que debemos obedecer, lo consideró una decisión que debemos tomar, así que lo cultivó como orden para su alma. Aprendió a estar alegre a pesar del calor, del frío, de las cadenas, a pesar de las limitaciones, a pesar de todo. Su actitud era: «¡Alaba al Señor de todas maneras!».

Cuando estudiaba en *Columbia International University*, los profesores y estudiantes de cursos superiores contaban de una de las graduadas, Joy Ridderhof, directora de una organización misionera llamada *Gospel Recordings, Inc*. Joy no poseía necesariamente un temperamento alegre; tendía a preocuparse. Entonces, su actitud comenzó a cambiar cuando escuchó un sermón por el Dr. Robert C. McQuilkin que llamó pecado a la preocupación. Dijo que era «una ofensa contra Dios y uno de los más atroces crímenes que puede cometer un hombre»[3].

Joy decidió cambiar su inclinación a la preocupación por una rutina de alegría, pues esto era un acto de fe razonable a la luz de las promesas que Dios hizo en su Palabra. Decidió hacer un experimento. Joy procuró confiar a propósito en Dios y alabarle por su disposición y habilidad de sacar lo bueno de todo, incluso de sus propios errores. Adoptó como su versículo favorito Santiago 1:2 (PDT): «Hermanos míos, alégrense cuando tengan que enfrentar diversas dificultades»[4].

Mediante un estudio tenaz y la aplicación de versículos de la Biblia acerca del gozo, Joy comenzó a hacerle honor a su nombre [«joy» significa «gozo» en inglés], y a cambiar la esencia misma de su personalidad. A lo largo de su vida afrontó la soledad, la inseguridad financiera, la mala salud, los climas difíciles, las culturas exóticas, la fatiga de los viajes y los gobiernos extranjeros, pero con perseverancia pudo hacerle frente a todos, decidida a regocijarse en el Señor[5].

En mi biblioteca tengo un pequeño libro escrito por Joy Ridderhof que habla de un período cuando, de pronto y sin previo aviso, cayó de nuevo en la ansiedad, y le atacó de nuevo un episodio de depresión que parecía insoportable. «Sin embargo, desde el principio», dijo, «decidí alabar al Señor aún más de lo habitual. Cantaba y me alegraba, y mientras peor estaba, más expresaba yo mi alabanza, adoración y agradecimiento a Cristo [...] yo [...] sabía que Dios, por medio de la alabanza, haría grandes cosas en mi vida».

Día a día, durante este oscuro período, Joy decidió cantar alabanzas a Dios, pasar tiempo dando gracias y regocijarse por fe. «Tan inesperada como llegó», dijo, «esta batalla terminó, y con ella se me abrió una puerta de fe como si pudiera extender la mano y tomar los reinos para el Señor y Cristo»[6].

No recuerdo que conociera a Joy Ridderhof. No recuerdo que la escuchara hablar en persona. En cambio, incluso escuchar a otros hablar acerca de ella y su compromiso de regocijarse, tuvo un efecto en mí como estudiante. Quizá fuera por su influencia que uno de los himnos más populares en los servicios de capilla de la universidad fuera: «A Cristo Rey Jesús», escrito por Carlos Wesley, hermano de Juan, que mencionamos antes.

A Cristo Rey Jesús con gozo adorad.
Regocijaos y a Él loor cantad.
Alzad la voz y alabad, cantad al Rey, loor cantad.
Alzad la voz y alabad, cantad al Rey, loor cantad.

UN CLIMA QUE CREAMOS

Como sugiere el himno, el gozo del Señor reajustará el clima de nuestra alma y nuestro optimismo contagiará a otros. Es como un microclima que creamos en nuestro hogar, nuestra escuela, nuestro trabajo, nuestra iglesia, y dondequiera que vayamos. Esa es la cuarta dimensión de Filipenses 4:4. El gozo es un clima que creamos y provee aire fresco para quienes comparten nuestro ambiente.

Para aclimatarnos de esta manera tenemos que esforzarnos. Por ejemplo, he descubierto que es útil evitar ciertas tristezas artificiales. Ya no miro películas tristes ni escucho música melancólica. Hay suficiente tristeza en la vida como para generar más con películas tristes o música melancólica. Hay tiempo de llorar, de sufrir, de luchar y estar triste. Sin embargo, Dios no quiere que nos quedemos atrapados en tal estado, ni quiere que alimentemos la desdicha como hacían los dolientes asalariados de los funerales antiguos. La actitud preponderante que sirve como fundamento de nuestras emociones debe ser el gozo del Señor. Debemos aprender a procesar las emociones de forma que podamos volver al gozo a cada momento.

Prefiero estar alegre que verme golpeado; tampoco quiero ver a otros deprimidos por mi actitud. Nuestras actitudes son tan contagiosas como la plaga, y es importante hacer por otros lo que Pablo hacía por los filipenses. No olvides, tu actitud es el regulador del clima de tu matrimonio, hogar, escuela o trabajo.

Los cristianos en Filipos estaban preocupados por Pablo y desmoralizados por su encarcelamiento. Les preocupaba el futuro del cristianismo. Estaban ansiosos, desanimados y le temían a la persecución. Entonces, cuando Pablo les escribió, su carta transmitía una atmósfera positiva. Creaba un clima de gozo en el corazón de los lectores.

Les dijo: «Hermanos, quiero que sepan que, en realidad, lo que me ha pasado ha contribuido al avance del evangelio [...] gracias a las oraciones de ustedes y a la ayuda que me da el Espíritu de Jesucristo, todo esto resultará en mi liberación [...] Pase lo que pase, compórtense de una manera digna del evangelio de Cristo [...] pues he aprendido a estar satisfecho en cualquier situación en que me encuentre [...] en todas y cada una de las circunstancias» (Filipenses 1:12, 19, 27; 4:11-12).

Katie Hoffman escribió un alentador libro llamado *A Life of Joy*, en el que describe sus esfuerzos para enseñarse a sí misma a regocijarse en el Señor, aun cuando las cosas estén lejos de la perfección en medio de sus circunstancias o en su hogar:

> Sé por experiencia propia lo difícil que es regocijarse siempre, sobre todo cuando mi esposo no hace lo que yo quiero que haga. Aunque me dan ganas de enseñarle que estoy molesta mostrando una actitud de tristeza, el Espíritu Santo me recuerda que debo regocijarme siempre. He tenido que aprender, a veces a las malas, que necesito regocijarme siempre sin importar lo que suceda a mi

alrededor. He tenido que aprender que no puedo dejar que las acciones de otros me hagan pecar. Necesito ser santa delante del Señor, a pesar de lo que haga cualquiera en el mundo. Por eso es que tan a menudo enfatizo lo necesario que es mantener la vista fija en las cosas de arriba.

Y no importa cuán molesta o enojada quiera estar ante una situación, tengo que estar llena de amor, gozo, paz, paciencia, benignidad, bondad, fidelidad, mansedumbre y dominio propio (Gálatas 5:22-23, LBLA). También he aprendido por experiencia propia que esto puede ser casi imposible si no decido con antelación glorificar al Señor Jesús a toda costa[7].

Cuando establecemos ese clima, el sol de justicia se levanta con sus rayos de sanidad, y cada mañana trae una nueva certeza de la gran fidelidad de Dios, su misericordia y amor. Esto nos fortalece el espíritu y produce una vida llena de entusiasmo.

PUEDES HACER LAS COSAS CON ENTUSIASMO

El verano pasado compré un ejemplar de las memorias de Harry Bollback en la librería *Word of Life*, en Schroon Lake, Nueva York, y me entusiasmó desde la primera página. Harry escribió acerca de su crianza en Brooklyn durante las décadas de los veinte y los treinta, y cómo se alistó en la Infantería de Marina después de graduarse del instituto en 1943. En ese entonces, la Segunda Guerra Mundial estaba en su apogeo, y a Harry lo enviaron hacia el Pacífico. Su primer combate fue en la pequeña isla de Peleliu. La mañana antes de la batalla, Harry encontró un lugar tranquilo en el barco y en oración leyó el Salmo 91. Mientras leía, creyó a Dios que le guardaría durante la guerra. Esta era una certeza que Harry necesitaba, ya que su experiencia en el Pacífico resultaría horrible.

«Durante la batalla de Peleliu, en mi compañía de casi doscientos hombres», escribió, «yo era uno de solo siete que no salió muerto o herido»[8]. Habló de sus amigos volando por los aires, partes de cuerpos que cubrían el campo a su alrededor, experiencias cercanas a la muerte y el trauma de la guerra.

Al volver a casa al final del conflicto, Harry, que era un talentoso músico, se unió a un entusiasta evangelista llamado Jack Wyrtzen. Entre los dos atrajeron miles a campañas en el Times Square y el Madison Square Garden de Nueva York. A Wyrtzen le conocían por su amplia sonrisa, su poderosa predicación y su visión global, y por su habilidad de extender una invitación al evangelio que hacía la gente venir a Cristo.

Juntos, Bollback y Wyrtzen formaron un ministerio llamado *Word of Life*. Establecieron centros de conferencias y campañas alrededor del mundo, comenzando en la hermosa ciudad de Schroon Lake en la parte superior del estado de Nueva York. Los jóvenes venían por millares a estos centros, y los mejores maestros bíblicos del mundo viajaban para ministrarles a las multitudes.

Harry y su esposa, Millie, se mudaron a Brasil para establecer los ministerios *Word of Life* en América del Sur, y sus experiencias como misionero en el Amazonas competían con sus experiencias como infante de marina en el Pacífico sur. Una vez se aventuró en canoa hacia zonas hostiles de donde nadie regresaba vivo. A veces, esquivaba las flechas; otras, se vio rodeado de indígenas desnudos sin conocer su intención. Para hacer la historia corta, Harry Bollback estableció iglesias en la jungla, campamentos en las ciudades, dejando tras sí una estela de cristianos redimidos dondequiera que fue.

Cuando terminé de leer las memorias de Harry, salí queriendo hacer más por el Señor que nunca. Al día siguiente, mientras hablaba en una conferencia en *Word of Life*, le recomendé el libro a la audiencia, y de inmediato alguien gritó de alegría. Después me enteré que fue Harry mismo, que a los noventa y dos años, sin yo saberlo, estaba allí.

Al día siguiente, Harry me invitó a su casa, y pasé varias horas allí con él y Millie. Le hice una pregunta que me dejó perplejo al leer su libro. Casi al final de sus memorias, Harry escribió: «Lo único que me gustaría poder hacer de nuevo para el Señor es haber tenido un poco más de entusiasmo del que tuve»[9].

«Henry», le dije, «pocas veces he leído una historia tan llena de energía, pasión, aventura y emoción como la tuya. ¿Por qué dices que hubieras querido tener más entusiasmo?».

«Ah, ¡Jack Wyrtzen!», contestó. «¡Él fue quien tuvo entusiasmo! Desearía haber tenido el entusiasmo de Jack. Gracias a ese entusiasmo podía hacer cualquier cosa. Era el hombre más entusiasta que he conocido. Me mostró que si tienes entusiasmo, puedes hacer cualquier cosa. ¡Me hubiera encantado haberlo hecho todo con un poco más de entusiasmo!».

Estoy de acuerdo con Harry. Al volver la vista atrás en mi propia vida, me gustaría haber hecho las cosas con más entusiasmo. El entusiasmo es gozo llevado a la vida diaria. Cuando nos regocijamos en el Señor siempre, vivimos con entusiasmo, y el entusiasmo marca una gran diferencia.

La Biblia dice: «Hagan lo que hagan, trabajen de buena gana, como para el Señor y no como para nadie en este mundo, conscientes de que el Señor los recompensará con la herencia. Ustedes sirven a Cristo el Señor» (Colosenses 3:23-24).

¡Tú y yo podemos empezar hoy mismo! Comienza por memorizar Filipenses 4:4 y fíjalo en las paredes de tu mente. Es fácil de aprender: «Regocíjense en el Señor siempre. Y otra vez les digo, ¡regocíjense!» (RVC). Repítelo a menudo. Conviértelo en una canción. Adóptalo como tu tema personal. Practícalo en todas sus dimensiones. Practícalo de todo corazón.

La música de fondo para tu vida no debe ser «No te preocupes, sé feliz». Debe ser «¡Cantad al Rey, loor cantad!».

La alegría y el gozo de Jesús no es una opción, es esencial, si queremos borrar nuestros pensamientos ansiosos y experimentar la paz incontenible de Dios. El gozo es un mandamiento que debes obedecer, una decisión que debes tomar, una condición que debes cultivar, y un clima que debes crear para ti y para los que te rodean. Es el primer paso para preocuparte menos y vivir más. Es el secreto de una vida entusiasta.

Regocíjense en el Señor siempre.
Y otra vez les digo, ¡regocíjense!

PREGUNTAS PARA LA DISCUSIÓN

1. Al estudiar en Hechos 16 el trasfondo de la fundación de la iglesia en Filipos, ¿cuán evidente es el tema del gozo desde el principio?
2. ¿Por qué son tan importantes las palabras «en el Señor» en Filipenses 4:4? ¿Cuáles son las cualidades divinas que nos permiten alegrarnos aun cuando la higuera no florece ni hay frutos en las vides (Habacuc 3:17-19).
3. ¿De qué pequeña manera puedes ser más entusiasta esta semana?

CAPÍTULO DOS

LA PRÁCTICA DE LA GENTILEZA

Que la gentileza de ustedes sea conocida de todos.

FILIPENSES 4:5, RVC

Richard y Arlene Baughman se casaron en 1940, poco antes que Estados Unidos se involucrara en la Segunda Guerra Mundial. A Richard lo reclutaron en 1942 y se fue a la guerra pocas semanas después del nacimiento de su primer hijo. Por más de un año, tuvo muy escasa comunicación con su familia, y cuando regresó a su hogar en Wisconsin, trajo con él las cicatrices del estrés postraumático, debido a la experiencia del combate. Sufría de pesadillas. Aun así, Arlene y él reiniciaron la jornada, y desde entonces han afrontado juntos todas las circunstancias. Richard trabajó como cartero y agricultor. Arlene fue maestra. Vivían muy ocupados y tuvieron seis hijos, de los cuales falleció uno. Con el pasar de los años, los Baughman le han hecho frente a incontables presiones que vienen con la vida, igual que tú y yo.

Sin embargo, esto es lo que los distingue. Hace poco, esta pareja celebró setenta y cinco años de casados. Richard tiene ahora noventa y siete años, y Arlene noventa y seis. De alguna manera su historia se hizo pública, y los hemos visto en los noticieros, en especial por una parte de su testimonio que es casi imposible de creer. Cuentan que en setenta y cinco años de matrimonio nunca han tenido una sola discusión. Ni una. «Cuando teníamos alguna diferencia, hablábamos», dijeron. «No teníamos platos que romper ni zapatos que tirar porque no podíamos comprarlos. Así que nos teníamos que llevar bien»[1].

La pareja explicó que cuando se enojaban, se daban entre sí tiempo para refrescarse antes de hablar del asunto, y siempre han sacado tiempo para salir en citas románticas, y para tener vacaciones y viajes ocasionales. Habían trabajado mucho y vivido con sencillez; no habían codiciado mucho y trataban de no quejarse entre sí. «El consejo de esta pareja para tener un matrimonio feliz», dijo el reportero que los entrevistó, «es no preocuparse por las cosas pequeñas y mantener viva la fe en el Señor»[2].

Para mí, esa es la imagen de Filipenses 4:5: «Que la gentileza de ustedes sea conocida de todos» (RVC). Este es el próximo argumento que presenta el apóstol Pablo en Filipenses 4:4-9 al darnos su estrategia personal para vencer la preocupación. Primero, debemos decidir regocijarnos en el Señor en toda circunstancia. Segundo, debemos cultivar un espíritu de gentileza. Si quieres reducir el estrés de la vida, muestra una personalidad más amable y cultiva el arte de la paciencia.

¿QUÉ ES LA GENTILEZA?

Cuando busqué en el diccionario el significado de *gentil,* me sorprendió ver que algunas de las principales definiciones eran negativas [en inglés]. El diccionario hablaba de lo que no era la gentileza. La *gentileza,* según algunos diccionarios, significa que *no es* severa, *no es* ruda, *no es* violenta. Se refiere a la *ausencia* de mal genio o beligerancia. La gente que es gentil *no es* ruda, *no* se irrita, *no es* malhumorada, *ni* se ofende con facilidad.

Por supuesto, no podemos definir algo solo por lo que no es. Es una palabra que parece positiva, y podemos comenzar a averiguar una definición positiva de la gentileza buscando su origen. La primera sílaba, *gen,* procede del mismo término latín que nos da *Génesis, genética, generación, y genital.* Tiene que ver con engendrar una familia o ser parte del mismo clan o linaje. En sus orígenes, la palabra *gentil* tenía que ver con la forma en que una madre o un padre trataban a un recién nacido, y con la forma en que debemos sentirnos hacia los que más amamos, quienes son parte de nuestra familia.

De su origen en latín, la palabra pasó al francés, donde la versión en francés antiguo era *gentil*, que significa «nacido de buena familia, alcurnia, nobleza». Luego, vino al inglés como *genteel* («bien criado, parte de una sociedad decente»), y *gentle* («moderado, tierno y bondadoso»). Con el correr del tiempo, la *gentileza* vino a implicar ternura y bondad, una personalidad amable, una perspectiva empática y la ausencia de asperezas en la personalidad. La gentileza sugiere una amabilidad o paciencia intencional o voluntaria al tratar a otros. Un diccionario dijo que la palabra *gentileza* tiene que ver con una naturaleza condescendiente. Las personas gentiles son amables, consideradas, placenteras y de buen carácter[3].

Pablo no le habló a los filipenses en latín, francés, español ni inglés. Les escribió en griego, pero el término griego que usó (*epieikes*) tiene exactamente el mismo significado que nuestros términos modernos. Varias traducciones de la Biblia usan las palabras «consideración», «bondad», «amabilidad» y «modestia».

Me di a la tarea de buscar todas las veces que aparece la palabra *gentil* en la Biblia, y basado en estas referencias, se refiere a la «habilidad de mantenerse calmado en medio de todo conflicto y bondadoso en toda conducta».

No significa debilidad. Significa que en cualquier situación dada hemos desarrollado los recursos internos para mantenernos tan calmados y bondadosos como sea posible. Ese es uno de los mejores valores que podemos poseer. Es una cualidad sobrenatural y un espíritu templado del alma. Es Jesús viviendo a través de nosotros, porque por nosotros mismos no somos así. Esto es una cualidad bíblica y es vital para desarrollar una personalidad cristiana.

Piensa en tu interacción con tus hijos, tu cónyuge, tus colegas, el empleado detrás del mostrador de la cafetería o la tienda, y hasta las llamadas por teléfono fastidiosas que recibes. ¿Te mantienes calmado, placentero y bondadoso de manera coherente?

Sí, hay momentos cuando tenemos que ser bruscos e inflexibles. Hay momentos cuando tenemos que marcar una raya divisoria, defendernos a nosotros mismos, o a una idea, establecer límites y mantenernos fieles a lo que es justo. No obstante, siempre debemos hacerlo lo más gentil que podamos, y en toda circunstancia. En ningún momento debemos ser más rudos de lo que debemos. Siempre debemos ser tan amables como sea posible, y nuestra gentileza debe manifestarse en nuestros ojos, nuestras expresiones, la postura del cuerpo, el tono de voz y nuestras acciones.

Mientras buscaba y estudiaba los casos de la palabra *gentil* en la Biblia, descubrí cuatro beneficios en la vida de las personas gentiles.

REDUCE LA ANSIEDAD

Primero, un espíritu amable reduce la ansiedad, que es el punto principal de Pablo en Filipenses 4. Cuando leemos entrelíneas en esta epístola, nos damos cuenta que algunos de los personajes en la iglesia de Filipos tenían los bordes un poco ásperos. Esta iglesia, por lo que nos dice el Nuevo Testamento, era ejemplar, pero no era perfecta. Al parecer, en algunos bancos se sentaba gente con temperamentos fuertes. Las pistas las vemos por toda la carta.

- En el capítulo 1, la oración principal de Pablo por los filipenses era «que el amor de ustedes abunde cada vez más en conocimiento y en buen juicio» (Filipenses 1:9).
- Les dijo: «Pase lo que pase, compórtense de una manera digna del evangelio de Cristo. De este modo, ya sea que vaya a verlos o que, estando ausente, solo tenga noticias de ustedes, sabré que siguen firmes en un mismo propósito [...] unánimes» (Filipenses 1:27).
- En el capítulo 2, el apóstol les rogó a los filipenses que fueran de un «mismo parecer, un mismo amor, unidos en alma y pensamiento», y les dijo: «No hagan nada por egoísmo o vanidad; más bien, con humildad consideren a los demás

como superiores a ustedes mismos. Cada uno debe velar no solo por sus propios intereses, sino también por los intereses de los demás». (Filipenses 2:2-4).
- Les dijo también: «La actitud de ustedes debe ser como la de Cristo Jesús» (Filipenses 2:5), y continuó describiendo la condescendencia y gentileza del Señor Jesús, quien «se humilló a sí mismo y se hizo obediente hasta la muerte» (Filipenses 2:8).
- Luego, basado en el ejemplo de Cristo, Pablo les dijo: «Háganlo todo sin quejas ni contiendas» (Filipenses 2:14).
- Más adelante en la carta a los filipenses, Pablo describe a dos hombres cuyo ánimo y amabilidad cambiaron su vida, Timoteo y Epafrodito (Filipenses 2:19-30).
- En los primeros versículos del capítulo 4, Pablo hizo algo poco común al mencionar el nombre de dos mujeres: Evodia y Síntique. Les pidió que echaran a un lado sus diferencias y le pidió a un amigo mutuo que las ayudara.
- Y en Filipenses 4:5-6, Pablo indicó que debíamos aprender a ser amables para no crear ansiedad innecesaria para nosotros ni para otros.

Es fácil ser como la madre de mi amigo Keith Fletcher. Según pasaban los años, era cada vez más cascarrabias, difícil y criticona. Sus comentarios agudos la convirtieron en alguien difícil con quien convivir. Unos dos meses después de fallecer, Keith tuvo un sueño acerca de ella. Soñó que había bajado a cenar y allí estaba su madre, sentada a la mesa como siempre.

—¡Mamá, estás aquí! —exclamó Keith—. ¡Volviste!

Ella asintió con la cabeza.

—Pero tú moriste, fuiste al cielo.

Ella asintió de nuevo.

—Mamá, si fuiste al cielo, lo has visto y sabes cómo es. Nos puedes contar. ¿Cómo es el cielo? ¿Cómo es en realidad?

—¡No me gustó! —le dijo con brusquedad después de lanzarle una mirada.

La pregunta no es si conocemos a alguien así. Es si nosotros somos así más a menudo de lo que nos damos cuenta. La madre de Keith refleja nuestras tendencias naturales. Justo la semana pasada, mientras leía el libro de Números en mis devocionales matutinos, me fijé en las actitudes críticas de los hijos de Israel en el desierto. Sus constantes quejas parecían chimeneas despidiendo esmog a todo dar, y me convencí de mis propias tendencias a protestar y quejarme de la cantidad de trabajo, el cansancio, lo ocupado que siempre estaba, los dolores y molestias, y muchas otras cosas más.

Las personas gentiles aprenden a dominar su actitud con un enfoque agradable y paciente que ajustan en silencio y vuelven a calibrar a diario durante su tiempo devocional. En el libro *Desayuno con Fred*, el consultor administrativo Fred Smith habla de su amigo Ron Glosser, presidente de la empresa *Hershey Trust Company*, en Hershey, Pensilvania. Glosser dijo que cuando se daba cuenta que estaba siendo demasiado crítico, el problema casi siempre radicaba en su propio corazón y no en el comportamiento de la otra persona. Glosser reconocía que necesitaba encontrar la manera de mantener su pensamiento saludable, y dijo: «He encontrado la mejor forma para evitar ser demasiado crítico, y es buscar mi centro temprano en la mañana. Para mí, esto lo logro leyendo las Escrituras y orando. Trato de identificarme como hijo amado de Dios y ver de la misma manera a todos los que vienen a estar en contacto conmigo»[4].

Cuando dejamos de hacer esto, afrontamos tensión innecesaria. Hay gente que mantiene a todo el mundo hecho trizas. Siempre están involucrados en algún conflicto, y elevan los niveles de estrés por donde quiera que vayan. La Biblia está llena de casos de personas cuyas vidas se complicaban por una conducta severa y caprichosa.

- En 1 Samuel 25, un hacendado muy rico llamado Nabal tenía la reputación de ser insolente y de mala conducta. Luego de una discusión con David y sus hombres, terminó sufriendo un ataque al corazón y murió.
- En 1 Reyes 12, el rey Roboán recibió a una delegación de israelitas que le pidieron que aflojara el yugo del gobierno.

Roboán consultó con sus consejeros más ancianos, que le aconsejaron que escuchara al pueblo y respondiera con favor y gentileza. Entonces, el rey buscó el consejo de sus amigos con los que se crio, y estos le sugirieron un tratamiento más severo. El rey adoptó una actitud rígida contra su pueblo. Como resultado, perdió diez de las doce tribus de Israel que comprendían el reino. La nación de Israel se dividió y jamás se reunificó.

- En el Nuevo Testamento, Pablo tuvo que lidiar con mucha gente difícil, y en una ocasión alertó a Tito para que no se viera involucrado en conflictos con gente así. Le dijo: «Al que cause divisiones, amonéstalo dos veces, y después evítalo. Puedes estar seguro de que tal individuo se condena a sí mismo por ser un perverso pecador» (Tito 3:10-11).

Este, entonces, es el tono de Filipenses 4. El respaldo de Pablo a un enfoque gentil hacia otros se basa en una simple observación: Algunas personas crean ansiedad para sí mismas y para los demás por desagradables, sus lenguas viperinas, personalidades obstinadas y espíritus irritables. Cuando estás enojado, molestas a otros, lo que acumula capas de estrés como mantas mojadas. Si estás enojado en casa, dañas tu matrimonio. Si eres rudo en tu centro de trabajo, tendrás más conflictos.

Entonces, para reducir la ansiedad, desarrolla un espíritu gentil.

En uno de sus inspiradores poemas, Helen Steiner Rice lo expresó así:

Donde te puso el Señor
Comienza en seguida a hacer
Pequeñas cosas que alegren
Las vidas que te rodean
Porque si todo el mundo mejora
El lugar donde están
Al ser más considerados
Y un poco menos exigentes
Muy pronto este viejo mundo oscuro

Eclipsaría la «Estrella vespertina»
Si todos mejoran
El rincón donde están[5].

REFLEJA A CRISTO

Un espíritu gentil no solo reduce la ansiedad; también refleja a Cristo. En Mateo 11:29, Jesús habló de sí mismo como «apacible y humilde de corazón», y en Mateo 21:5, otros lo describieron como «humilde y montado en un burrito».

Esto no evitó que Jesús hablara la verdad cuando era necesario. Hubo momentos en que condenó a los hipócritas, denunció a las ciudades y reprendió a los demonios. En ocasiones habló de manera enérgica (Mateo 16:23), y con solo una mirada recriminatoria hacía llorar a un hombre (Lucas 22:61). Aun así, en ningún momento Jesús perdió el control de sí mismo, de sus palabras ni emociones. La configuración predeterminada de su personalidad era de compasión, amor, gentileza y humildad; una disposición de tocar y ayudar a esos con quienes estuvo en contacto.

En una esquina del frente de mi casa tengo un estanque ornamental, y hace un par de meses compré dos pececitos... koi. Pagué unos seis o siete dólares por cada uno, y han crecido con bastante rapidez. Sin embargo, son tan inquietos que casi no podemos verlos. A la distancia se pueden ver nadando en su pequeño mundo, pero en cuanto nos acercamos, se asustan. Van de un lado a otro como si fuéramos a pescarlos y comérnoslos, buscando con urgencia una piedra o una hoja para esconderse. He leído algunos artículos acerca de cómo domesticarlos, pero hasta ahora no hemos entablado amistad.

Esto muestra cómo a veces nos sentimos en cuanto a Dios. Se levanta, nos protege, nos mira en nuestro pequeño estanque, y nos da miedo. Dios es grande, sin límites, absoluto en todos sus atributos y santo en todos sus caminos. Por una parte, el temor a Dios adecuado representa una actitud saludable de asombro y reverencia. Sin embargo, nuestro Señor también es un Dios de amor que hizo lo indecible saltando al estanque con nosotros. Cuando vemos a Jesús, vemos la gentileza, la ternura y la compasión de Dios, y según Oseas 11:4, nos atrae «con cuerdas de ternura y lazos de amor».

Hay veces, cuando en un momento dado me siento indigno y pecador, pienso en el versículo que habla de Cristo en el Antiguo y el Nuevo Testamento: «No acabará de romper la caña quebrada, ni apagará la mecha que apenas arde» (Isaías 42:3; Mateo 12:20).

Dios nos ama en gran medida y con gentileza, y por medio de Jesucristo, extiende su mano hacia nosotros con toda la ternura de sus manos cicatrizadas por los clavos. Cuando respondemos a su amor y lo recibimos como Señor y Salvador, se mueve en nuestro corazón y comienza a remodelar nuestro temperamento. Penetra en nuestra personalidad con nueve actitudes que reflejan su propio carácter. A estas se les llama el «fruto del espíritu», y una de ellas es la gentileza. Gálatas 5:19-23 dice: «Cuando ustedes siguen los deseos de la naturaleza pecaminosa, los resultados son más que claros [...] hostilidad, peleas, celos, arrebatos de furia, ambición egoísta, discordias, divisiones [...] En cambio, la clase de fruto que el Espíritu Santo produce en nuestra vida es: amor, alegría, paz, paciencia, gentileza, bondad, fidelidad, humildad y control propio» (NTV).

Nota la quinta cualidad: gentileza.

Otro pasaje de la misma línea, Efesios 4:1-2, dice: «Vivan de una manera digna del llamamiento que han recibido, siempre humildes y amables». En otras palabras, cuando somos humildes y amables por completo, mostramos una vida digna del llamamiento que recibimos.

Esposos y esposas, necesitan recordar esto en sus matrimonios, y los padres deben practicarlo con sus hijos. Hermanos y hermanas, deben recordarlo. Muchos de nuestros momentos más ansiosos o estresantes suceden en el marco de las relaciones familiares, a menudo con los que viven bajo el mismo techo. Nos sentimos abandonados u ofendidos. Nos enojamos. Discutimos. Hablamos con dureza. Insultamos. Gritamos. Perdemos los estribos y la compasión. Nos enfurruñamos y negamos el amor. Nada de eso refleja la personalidad del Señor Jesucristo.

En su libro *I Never Walk the Halls Alone*, Donna Kincheloe escribe acerca de sus experiencias como enfermera de cuidados intensivos. Uno de sus recuerdos más tiernos tuvo que ver con el abuelo que la crio. Cuando recibió la noticia de que sufrió un ataque al corazón, corrió hacia él en un hospital de Pensilvania, donde descubrió que no podía hablar. Desesperada, trató de comunicarse, pero él no podía expresar palabras. Gracias a su larga experiencia y preparación en las unidades de cuidado intensivo, Donna había aprendido a leer los labios y pronto se dio cuenta de que su abuelo quería ver a sus dos hijos, Dee y Bud. Hacía años, estos dos hermanos discutieron y se enemistaron entre sí. Hacía doce años que no se hablaban. Ahora, se encontraron al lado de la cama de su padre moribundo.

«Mi mamá y tío Bud querían que yo les interpretara, así que, el siguiente día de visita, fuimos los tres a ver al abuelo», contó Donna. «Mamá estaba a su izquierda y tío Bud a su derecha. Abuelo tomó la mano derecha de mamá y la izquierda de Bud y las unió. Entonces, cubrió ambas manos con sus propias manos grandes y fuertes de mecánico y movió la boca expresando una sola palabra una y otra vez: «Reconcíliense. Reconcíliense. Reconcíliense»[6].

Donna continúa diciendo que el objetivo de Jesús, mediante su muerte, era similar. Él quiere reconciliarnos con nuestro Padre y entre nosotros mismos, y sus manos heridas pueden traer sanidad a nuestras relaciones y sustituir la hostilidad con comprensión y gentileza[7].

Ese es el mensaje de Pablo en Filipenses 4, cuando les dijo a Evodia y Síntique que se pusieran de acuerdo. Pidió a otros que ayudaran a ambas mujeres a través del proceso de sanación, y le dijo a toda la iglesia que practicaran la gentileza: «Que la gentileza de ustedes sea conocida de todos» (RVC).

> Dado que Dios los eligió para que sean su pueblo santo y amado por él, ustedes tienen que vestirse de tierna compasión, bondad, humildad, gentileza y paciencia. Sean comprensivos con las faltas de los demás y perdonen a todo el que los ofenda. Recuerden que el Señor los perdonó a ustedes, así que ustedes deben perdonar a otros. Sobre todo, vístanse de amor, lo cual nos une a todos en

perfecta armonía. Y que la paz que viene de Cristo gobierne en sus corazones. Pues, como miembros de un mismo cuerpo, ustedes son llamados a vivir en paz. Y sean siempre agradecidos. (Colosenses 3:12-15, NTV)

LOGRA QUE SE HAGAN LAS COSAS

Mientras estudiaba todas las veces que las palabras *gentil, gentileza, amabilidad* aparecían en la Biblia, me topé con una verdad pragmática. La Biblia dice que debemos ser gentiles, pues la gentileza logra que se hagan las cosas. Da resultado. Nos hace más eficientes, productivos y valiosos en los asuntos cotidianos. La gentileza no solo reduce el estrés y refleja a Cristo, sino que logra que se hagan las cosas.

Hay dos versículos acerca de esto en el libro de Proverbios. El primero es Proverbios 25:15: «Con paciencia se convence al gobernante. ¡La lengua amable quebranta hasta los huesos!». Una de las partes más suaves del cuerpo humano es la legua. Dios la creó con flexibilidad y movimiento para que podamos comer y hablar. Las partes más inflexibles son los huesos, y gracias a su rigidez podemos mantenernos de pie. No obstante, según Proverbios 25:15, una lengua amable es más fuerte que un hueso rígido. Podemos parafrasear este versículo para decir que, en toda ocasión, una persona que sabe hablar con gentileza será más eficiente que alguien que sea rígido y severo. Una traducción al inglés dice que «una lengua amable puede convencer al más testarudo».

Aprendí esta lección cuando estaba en el instituto y trabajaba en una tienda de ropa de hombres, *Jim Chambers Men's Shop*, en mi pueblo natal de Elizabethton, Tennessee. Jim era un hombre maravilloso, un cristiano, y llevaba muchos años como comerciante minorista y una clientela fiel que le había seguido todo ese tiempo en nuestra comunidad. Un día, mientras trabajaba en el fondo de la tienda, un hombre, un agricultor rudo, irrumpió en la tienda como un trueno. Estaba molesto a causa de un par de zapatos que compró. Insultó a Jim, y le dijo lo malos que eran los zapatos, cómo le dolían los pies, cómo no le servían bien, cómo no estaban bien fabricados, cómo lo había engañado. Allí, frente a Jim y los demás clientes, explotó. El corazón se me paralizó en el pecho, y presentí un ataque de pánico. Jim solo se quedó de pie, mirando al hombre y a los zapatos, asintiendo todo el tiempo.

Cuando el hombre terminó, yo quería que mi jefe le devolviera sus insultos. Jim, en cambio, solo dijo:

—Señor agricultor, siento mucho lo de sus zapatos. A veces recibimos un par malo, ¿verdad? ¿Qué prefiere que haga? ¿Le devuelvo su dinero? ¿Quiere otro par de zapatos? Con gusto le daré otro par, escójalo; y de paso le regalaré un par de medias.

El agricultor se quedó pasmado. Miró hacia el piso, con la ira aplacada.

—Bueno, Jim —dijo—, creo que otro par de zapados estará bien.

—Robert —dijo Jim mirándome—, ayuda a este caballero a encontrar otro par de zapatos.

No creo que Jim notara el miedo que le tenía a las confrontaciones, y mis manos temblaban mientras bajaba las cajas de los estantes. Pero lo calcé, y en cuanto salió por la puerta, Jim me sonrió y dijo:

—Perdí un par de zapatos, pero no al cliente.

Esto nos lleva al otro gran versículo sobre esto en Proverbios, uno de los versículos más psicológicamente sólidos de las Escrituras: Proverbios 15:1: «La respuesta amable calma el enojo, pero la agresiva echa leña al fuego». Este es un versículo que todos debemos memorizar, y enseñárselos a nuestros hijos tan pronto como tengan edad para memorizar. Son solo trece palabras, pero ningún otro versículo en la Biblia ofrece una mejor psicología.

Proverbios 15:1 también se filtra en muchos otros pasajes del Nuevo Testamento que aconseja a los líderes que dominen el arte de la respuesta amable. Los que influyen en otros deben saber cómo poner en práctica estas verdades. El apóstol Pablo instruyó a Timoteo para que el líder que nombrara no fuera «pendenciero, sino amable, no contencioso» (1 Timoteo 3:3, LBLA).

Un poco más adelante, Pablo añadió: «No reprendas con dureza al anciano, sino aconséjalo como si fuera tu padre. Trata a los jóvenes como a hermanos; a las ancianas, como a madres; a las jóvenes, como a hermanas» (1 Timoteo 5:1-2). Luego continúa diciéndole que cultivara ciertas cualidades de liderazgo en su propia personalidad, incluyendo «la justicia, la piedad, la fe, el amor, la perseverancia y la amabilidad» (1 Timoteo 6:11, LBLA).

Unas páginas más adelante, Pablo instruye a otro de sus discípulos, Tito, a tratar «a todos con amabilidad», y a enseñarles a todos los miembros de la iglesia a hacer lo mismo (Tito 3:2, PDT).

El apóstol Pedro nos dice que adoptemos la misma estrategia, aun con los incrédulos que no conocen a Cristo. «Honren en su corazón a Cristo como Señor», escribió, «Siempre preparados para responder a todo el que les pida razón de la esperanza que hay en ustedes. Pero háganlo con gentileza y respeto» (1 Pedro 3:15-16).

Las personas exitosas cultivan la cualidad de la gentileza, lo que significa que refrenan los elementos más ásperos de su temperamento y practican el dominio propio con su lengua. Aprenden a mantenerse calmados en todos sus conflictos y bondadosos en todo su comportamiento.

Con un poco de esfuerzo, podemos elaborar técnicas que permitan que nuestra gentileza sea evidente. Un hombre lo hizo sosteniendo un tubo en la mano. Harold Wilson sirvió dos veces como Primer Ministro de Gran Bretaña durante las décadas de los sesenta y los setenta. A menudo se le veía con un tubo en la mano. Aunque prefería los puros, terminó sosteniendo el tubo, pues tenía el mal hábito de levantar el puño cerrado cuando quería enfatizar algo, sobre todo durante las entrevistas por televisión. Su asesora, Marcia Williams, pensó que esto podía ser amenazador para los televidentes, y le dio el tubo para que lo sujetara como un accesorio. Esto dio resultado, y Wilson mostró desde entonces una apariencia más amable y confiada, lo cual lo llevó al éxito en la política[8].

Rocky Forshey, de Houston, Texas, me dijo que hacía años, cuando sus hijos eran pequeños y se enojaba con ellos, les corría detrás por la casa para castigarlos. Una vez, cuando pasaba por el lado de un espejo, se sorprendió de la expresión de su rostro. Entonces, se dio cuenta cómo lo veían sus hijos. De inmediato suavizó la expresión, y aprendió la lección de corazón. Desde entonces, comenzó a relajar la expresión cada vez que hablaba con sus hijos, y esto se convirtió en un hábito que duró toda la vida y le dio a Rocky un semblante que no es rudo, sino gentil y sabio[9].

John Wooden, uno de los más admirados entrenadores de la historia del fútbol americano universitario, le acreditó gran parte de su éxito a su padre. Recuerda una ocasión durante su niñez, cuando vio a su padre lidiar con una situación específica. El condado rural donde vivía solía pagarles a los agricultores locales para que llevaran equipos de mulas o caballos a las diferentes graveras esparcidas por el condado y transportaran la grava. Algunas graveras eran más profundas que otras, y a veces era difícil para los animales halar un vagón lleno de grava y subir la pendiente por la arena mojada.

Un húmedo día de verano, escribió Wooden, un joven agricultor trataba de que su yunta de caballos subiera un vagón lleno de la gravera. Gritaba y golpeaba a esos bellos caballos, que ya echaban espuma por la boca, pateaban y se le alejaban. El anciano Wooden miró por un rato, entonces fue hasta el joven y le dijo: «Déjame llevarlos».

> Papá comenzó a hablarles a los caballos, casi susurrándoles, y acariciándoles sus narices con un suave toque. Luego, caminó entre ellos, sosteniendo las bridas mientras continuaba hablándoles, con mucha calma y amabilidad, mientras se tranquilizaban. Poco a poco, se les adelantó y les dio un pequeño silbido para que comenzaran a avanzar mientras él guiaba las riendas. En cuestión de segundos, esos dos inmensos caballos de carga halaron el vagón y lo sacaron de la gravera con toda facilidad. Como si estuvieran gozosos de hacerlo[10].

John Wooden dijo: «Nunca olvidé lo que le vi hacer y cómo lo hizo. A través de los años, he visto un montón de líderes actuando como ese joven agricultor enojado que perdió el control [...] Por lo general, se puede lograr mucho más con el enfoque calmado, seguro y constante de papá»[11].

Wooden aprendió una lección valiosa: «Se necesita fuerza interior para ser amables por fuera»[12].

La gentileza no implica debilidad; expresa fuerza, madurez, dominio propio y deseo de ser productivo en la vida. Requiere una imagen fuerte de uno mismo. A las personas inseguras se les suben los vapores. Se sienten amenazadas. Se sienten menospreciadas y ofendidas, y lo compensan actuando con exageración. Mientras maduramos en Cristo, cambiamos la pobre imagen de nosotros mismos por la sólida imagen de Cristo. El Espíritu Santo va formando su personalidad en nosotros y nos enseña el increíble poder de un espíritu gentil.

AGRADA AL SEÑOR

Y esto agrada al Señor, lo que me trae a mi último punto. Un espíritu amable reduce la ansiedad, refleja a Cristo, logra que se haga lo que hay que hacer y, lo que es más importante, agrada al Señor. El Señor se agrada cuando somos amables, y se entristece cuando no lo somos. Hay un versículo en la Biblia acerca de esto. En un principio, se les dirigió a las mujeres, pero su mensaje es transferible a todos nosotros.

> Que la belleza de ustedes no sea la externa, que consiste en adornos tales como peinados ostentosos, joyas de oro y vestidos lujosos. Que su belleza sea más bien la incorruptible, la que procede de lo íntimo del corazón y consiste en un espíritu suave y apacible. Esta sí que tiene mucho valor delante de Dios. (1 Pedro 3:3-4)

Nota las palabras «un espíritu suave y apacible. Esta sí que tiene mucho valor delante de Dios». Según el apóstol Pedro, esta es la verdadera elegancia, y es como nos hacemos agradables a otros, al mundo y al Señor. Cuando era niño, mis padres, ambos maestros, a veces me llevaban a Knoxville, Tennessee, a las conferencias pedagógicas, y siempre nos hospedábamos en un hotel del centro de la ciudad, el Farragut, al lado de la cafetería S&W. Un año, mis abuelos, ya ancianos, nos acompañaron, y durante la cena mi abuelo, Clifton

Palmer, se sintió agitado. Miró a mi madre y le dijo: «Hay un viejo ahí enfrente mirándome con mala cara». Todos miramos, desde luego. La pared frente a nosotros estaba cubierta de espejos, y mi abuelo se veía a sí mismo.

¡Si al menos pudiéramos ver la expresión de nuestro rostro como la ven otros!

Si quieres una cara más atractiva, aprende a ser amable, calmado y confiado de tu propia apariencia. Eclesiastés 8:1 dice: «La sabiduría del hombre hace que resplandezca su rostro y se ablanden sus facciones». La gentileza es el secreto de belleza más exclusivo del mundo. ¡Si al menos pudiéramos embotellarlo! Nos relaja el rostro y la sonrisa. Y agrada a Dios.

En el mundo hay escasez de gentileza. Solo tenemos que encender la radio o la televisión. Ver una película. Leer un blog o los comentarios en las redes sociales. La gente está indignada. Se gritan unos a otros. Se insultan unos a otros en nuestra cultura cada vez más vulgar. Este espíritu exigente se puede infiltrar en nuestros hogares y nuestras iglesias. Confieso que yo mismo no soy tan amable como debería ser cuando reacciono a la provocación, la fatiga o el estrés. Sin embargo, como cristianos deberíamos estar interesados en mejorar. Cuando recibimos a Cristo como nuestro Señor y Salvador, comenzamos a cambiar y no dejamos de mejorar mientras estamos en la tierra. Y un espíritu amable reduce el estrés, refleja a Cristo, logra que se haga lo que hay que hacer y agrada al Señor.

Recuerda lo que dijo San Francisco de Sales: «No hay nada tan fuerte como la ternura; y nada tan tierno como la verdadera fuerza»[13]. Un buen sitio para comenzar es memorizar y practicar Filipenses 4:5 (RVC): *Que la gentileza de ustedes sea conocida de todos.*

LA PRÁCTICA DE LA GENTILEZA

PREGUNTAS PARA LA DISCUSIÓN

1. ¿Por qué el Señor incluyó las palabras: «Que la gentileza de ustedes sea conocida de todos» en medio de un pasaje bíblico tan importante sobre la preocupación y la ansiedad?
2. ¿Es la gentileza una característica de fuerza o debilidad? ¿Qué más podemos aprender acerca de la amabilidad de Proverbios 15:1? ¿Mateo 11:29? ¿Gálatas 5:22-23? ¿De 1 Pedro 3:15?
3. Según tu experiencia, ¿quién ha demostrado una actitud de gentileza que ha tocado tu vida? ¿De qué forma tienes tú que mostrar un espíritu más amable?

CAPÍTULO TRES

LA PRÁCTICA DE LA CERCANÍA

El Señor está cerca.

FILIPENSES 4:5

Durante mi época en la universidad, unos cuantos amigos y yo nos fuimos a una caminata en un hermoso cañón, cuando nos desviamos y tuvimos que cruzar al otro lado de un barranco caminando sobre un árbol caído. Estaba como por la mitad cuando me paralicé y me quedé tambaleando. Parecía que el suelo estaba como a dos kilómetros por debajo de mí. Recuerdo que sacudí los brazos como un molino y grité: «¡He perdido el valor!». Mi amigo que estaba delante, extendió su mano al momento y tomó la mía. Yo hubiera podido los dos al vacío, pero de hacer que cayéramos alguna manera el toque momentáneo de mi amigo me hizo recuperar la estabilidad. Recobré el equilibrio y llegué a salvo al otro lado.

He pensado en eso muchas veces cuando me he visto débil atravesando otros abismos, y es el toque de la mano de un Amigo el que me ha devuelto el equilibrio. Lo mismo es cierto de los héroes de la Escritura. Cuando Pedro se alarmó al ver que se hundía tratando de caminar sobre las agitadas aguas del mar de Galilea, de inmediato Jesús le tendió su mano y, sujetándolo, le dijo: «¡Hombre de poca fe! ¿Por qué dudaste?» (Mateo 14:31).

Muchos de los salmos hablan de la cercanía de la mano de Dios:

- «Siempre tengo presente al Señor; con él a mi derecha, nada me hará caer» (Salmo 16:8).
- «Con tu diestra me sostienes» (Salmo 18:35).
- «Mi alma se aferra a ti; tu mano derecha me sostiene» (Salmo 63:8).
- «Fuerte es tu mano» (Salmo 89:13).
- «Me llenarás de alegría en tu presencia, y de dicha eterna a tu derecha» (Salmo 16:11).

Una de mis promesas favoritas de la Escritura, que encontré y memoricé cuando era niño, dice:

> Así que no temas, porque yo estoy contigo;
> no te angusties, porque yo soy tu Dios.
> Te fortaleceré y te ayudaré;
> te sostendré con mi diestra victoriosa. (Isaías 41:10)

Si vemos a una pareja caminando por la calle tomados de la mano, sabemos que están enamorados. Igual pasa con nosotros y nuestro amor por Jesús. Disfrutamos su compañía cuando nos tomamos de su mano inmutable, y al cultivar una sensación de cercanía, crece nuestra intimidad con Él. Esa cercanía de su toque nos da fortaleza y equilibrio.

El estrés de la vida agita nuestra mente. Nos tambaleamos y preocupamos porque pensamos que nos vamos a caer del tronco. Como vimos, hasta a Pablo le sucedió en Troas y no pudo completar su misión. No obstante, el apóstol se esforzó por vencer estos obstáculos, y luego escribió el pasaje más importante contra la preocupación. Su estrategia de ocho puntos en Filipenses 4 comienza con las prácticas de la alegría y la gentileza. Luego, sugiere que practiquemos la cercanía. El versículo 5 termina con las palabras: *El Señor está cerca.*

Mientras escribo esto tengo mi Biblia abierta en Filipenses 4, y se me ocurre que si se hubieran omitido estas palabras, el pasaje hubiera continuado con fluidez. El Señor bien pudo haberlas dejado fuera de la Escritura y ni nos hubiéramos dado cuenta de la diferencia: *Regocíjense en el Señor siempre. Y otra vez les digo, ¡regocíjense! Que la gentileza de ustedes sea conocida de todos los hombres. El Señor está cerca. No se preocupen por nada.*

En cambio, ¡cuán importante son estas palabras! *El Señor está cerca.* ¡Qué tremenda pérdida para nosotros si las hubieran dejado fuera!

Sin embargo, es la oración más difícil de interpretar en todo el párrafo. ¿Qué quiso expresar Pablo al decir que el Señor está cerca? La pregunta ha dejado perplejos a traductores y comentaristas por dos mil años. ¿Se refería Pablo al tiempo, al espacio o a ambos? Si es a lo primero, quiso decir: «La venida del Señor está cerca». Si es a lo segundo: «La presencia del Señor está cercana». Si son ambos, pues quiso decir: «Jesús está cerca, y esto es cierto de dos maneras. Está cerca de ti en el presente, y su venida no está muy lejos tampoco».

Este dilema se refleja en varias de las traducciones que usamos. Comparemos estas dos formas de dos populares versiones de la Biblia:

- El Señor está cerca (RVC)
- El Señor vuelve pronto (NTV).

Puesto que Pablo era un genio literario y teológico que sabía muy bien cuando una frase podía tener un doble significado, y cómo ambas interpretaciones reflejan una verdad bíblica incuestionable, daré por sentado que lo que Pablo quiso decir fue: «El Señor está cercano a nosotros. Punto. Tanto en término a su venida como en término a su presencia, así que no hay de qué preocuparse».

Déjame mostrarte cómo resulta esto.

LA VENIDA DEL SEÑOR ESTÁ CERCA

En el Nuevo Testamento, la palabra *cerca* se usaba a menudo en conexión con el regreso de Cristo a la tierra, y varios comentarios sugieren que esto es lo que Pablo tenía en mente cuando escribió Filipenses 4:5.

En Mateo 24, por ejemplo, Jesús habló de las «señales de los tiempos» que indicarían la cercanía de su regreso, y dijo: «Igualmente, cuando vean todas estas cosas, sepan que el tiempo [de mi venida] está cerca, a las puertas» (v. 33).

Santiago añadió: «Así también ustedes, manténganse firmes y aguarden con paciencia la venida del Señor, que ya se acerca» (Santiago 5:8).

Pedro dijo: «Ya se acerca el fin de todas las cosas. Así que, para orar bien, manténganse sobrios y con la mente despejada» (1 Pedro 4:7).

El libro de Apocalipsis comienza y termina declarando que la venida del Señor está cerca (Apocalipsis 1:3 y 22:10).

Quizá preguntes: «Esas palabras se escribieron hace más de dos mil años, y Jesús no ha venido todavía. Esto no me parece que sea "cerca". Si los creyentes durante los días del Nuevo Testamento pensaban que Jesús regresaría en cualquier momento, pero no vino como esperaban, ¿por qué debemos seguir esperándolo ahora?».

Muy buena pregunta.

Primero, la Biblia se escribió según la perspectiva de Dios, y su concepto de la *cercanía* es diferente al nuestro. Para Dios, el tiempo entre la primera y la segunda venida de Cristo es solo un momento. Desde el punto de vista de la eternidad, es solo un día o dos. Pedro les enfatizó esto a sus críticos en el primer siglo que se impacientaban por la venida del Señor y exigían: «¿Qué hubo de esa promesa de su venida?» (2 Pedro 3:4).

Pedro respondió: «No olviden, queridos hermanos, que para el Señor un día es como mil años, y mil años como un día. El Señor no tarda en cumplir su promesa, según entienden algunos la tardanza» (vv. 8-9).

Para nuestro Dios eterno, mil años representan el pasar de un día. Por tanto, desde el punto de vista de lo eterno, Jesús solo ha estado ausente dos días. Él entiende la cercanía y la demora desde un punto de referencia diferente. Nosotros vivimos en el tiempo, pero compartimos la vida eterna de Cristo. Por generaciones, los creyentes han esperado la venida del Señor durante la duración de su vida, y así es que debe ser. El Señor quiere que vivamos con anticipación y disposición, y según su perspectiva, podemos estar ya en las últimas horas o minutos. Jesucristo viene pronto, y Él comprende lo que significa pronto. Para mí, esto es suficiente.

Segundo, hay más razones en potencia para nuestra reunión más inmediata con el Salvador. Si no viene en el término de nuestra vida, iremos para estar con Él al final de ella, y eso puede suceder en cualquier momento. Nadie tiene prometido el mañana. Todo ser humano en el planeta está sujeto a morir de repente en cualquier instante, y los cristianos no estamos excluidos. La posibilidad de reunirnos con el Señor es inminente, bien sea por su venida repentina o nuestra partida para estar con Él.

A veces, cuando me siento sobrecargado por la duda o la carga de mis problemas, recuerdo que dentro de unos cincuenta años no tendré preocupaciones (a menos que esté vivo a los ciento quince años). Cuando el Señor se lleva a sus hijos de este mundo, los libra de todos sus problemas, y les da gran solaz. Jesús le dijo al ladrón en la cruz junto a Él: «Te aseguro que hoy estarás conmigo en el paraíso» (Lucas 23:43).

Una de las cosas que más anhelamos acerca del cielo es la libertad de toda preocupación, ansiedad y cuidado. Apocalipsis 21:4 dice: «Él les enjugará toda lágrima de los ojos. Ya no habrá muerte, ni llanto, ni lamento ni dolor, porque las primeras cosas han dejado de existir».

En este momento, somos parte de esas primeras cosas. Vivimos bajo una maldición que cayó sobre el universo por culpa del pecado. Para los seguidores de Cristo, los problemas son temporales y nuestras cargas momentáneas, pero las bendiciones son permanentes. Cualquiera que sea la causa de nuestra preocupación ahora, no importará de aquí a cien años. Dios nos librará de todo problema y los resolverá para su gloria, y podemos descansar en un futuro glorioso. El compositor del himno dijo:

Allá, allá Él nos dirá
Quizás en tierras sin dolor
Que Cristo la razón dirá
Y nos explicará mejor[1].

Dos grandes versículos bíblicos presentan esta idea:

- «Considero que en nada se comparan los sufrimientos actuales con la gloria que habrá de revelarse en nosotros» (Romanos 8:18).
- «Pues los sufrimientos ligeros y efímeros que ahora padecemos producen una gloria eterna que vale muchísimo más que todo sufrimiento» (2 Corintios 4:17).

Estos son dos maravillosos versículos para meditar. En comparación con el gozo eterno y la vida sin problemas que anticipamos en el cielo, nuestros mayores problemas aquí se ven, desde esa perspectiva, «ligeros y efímeros» y «en nada se comparan con la gloria que habrá de revelarse».

Este modo de pensar le infunde significado a Filipenses 4:5 y, por supuesto, ilumina toda la atmósfera de Filipenses. El apóstol Pablo comenzó el libro con su gran declaración de propósito personal: «Porque para mí el vivir es Cristo y el morir es ganancia. Ahora bien, si seguir viviendo en este mundo representa para mí un trabajo fructífero, ¿qué escogeré? ¡No lo sé! Me siento presionado por dos posibilidades: deseo partir y estar con Cristo, que es muchísimo mejor, pero por el bien de ustedes es preferible que yo permanezca en este mundo» (Filipenses 1:21-24).

En otras palabras, Pablo apreciaba mucho las perspectivas de ir al cielo, dejando atrás todo el estrés, las presiones y el dolor. Estaba ansioso por librarse de sus preocupaciones y estar con el Señor, lo cual sería mucho mejor para él. Sin embargo, sentía que Dios tenía todavía trabajo fructífero para él en este planeta, por lo que estaba dispuesto a quedarse en la tierra por más de tiempo.

Luego, en Filipenses 3, hablando de sus adversarios, Pablo escribió:

Como les he dicho a menudo, y ahora lo repito hasta con lágrimas, muchos se comportan como enemigos de la cruz de Cristo. Su destino es la destrucción, adoran al dios de sus propios deseos y se enorgullecen de lo que es su vergüenza. Solo piensan en lo terrenal.

En cambio, nosotros somos ciudadanos del cielo, de donde anhelamos recibir al Salvador, el Señor Jesucristo. Él transformará nuestro cuerpo miserable para que sea como su cuerpo glorioso, mediante el poder con que somete a sí mismo todas las cosas. (Filipenses 3:18-21)

Cuando yo tenía unos diez u once años, mi papá prometió llevar a la familia de vacaciones a Myrtle Beach, Carolina del Sur. Habíamos estado allí antes y no puedo decirles lo emocionado que estaba. Me encantaba ir a Myrtle Beach; comer panqueques en la mañana, jugar en el mar todo el día, montar todas las atracciones en el parque de diversiones por la noche, jugar minigolf y tener toda la atención de mis padres por una semana.

Mi hermanita, Ann, tenía unos cinco años, y quería que se emocionara tanto como yo por el viaje. Escribí a la cámara de comercio de Myrtle Beach y les pedí folletos. Una semana más tarde, comencé a recibir folletos por docenas de cuanta atracción, parque, hotel, restaurante y campo de golf que había en la isla. Los organicé en una mesa plegable, y los revisé uno a uno con ella. La tenía tan emocionada que casi no podía dormir por la noche. Estábamos tan entusiasmados que casi podríamos haber volado hasta allí con solo agitar los brazos.

La semana antes de salir, podría haberme metido en problemas con mis padres. Uno de esos libros de la biblioteca que perdí podría haberme afectado. Creo que también se me ponchó la bicicleta. Es probable que me raspara la rodilla. Sin embargo, me recuperé de todos esos problemas con más rapidez, pues estaba ocupado empacando para la playa. La anticipación del viaje eclipsó todo lo demás en mi vida.

Todavía me encanta ir a Myrtle Beach, y me gozo con la expectativa de otros viajes también. Sin embargo, hay un destino que anhelo por encima de todos. En los momentos de ansiedad o angustia, recuerdo: «En unos cuantos años, ninguno de estos problemas va a tener importancia. Todas las preocupaciones duran poco, y de todos modos, Dios promete que de alguna manera obrarán para bien».

Abraham vivía en tiendas y soportó por fe los problemas de la vida, «porque esperaba la ciudad de cimientos sólidos, de la cual Dios es arquitecto y constructor [...] anhelaban una patria mejor, es decir, la celestial» (Hebreos 11:10, 16).

¿Te das cuenta cómo la expectativa de lo eterno es el antídoto a las frustraciones presentes? Contemplar con regularidad la venida del Señor y el cielo es una terapia bíblica esencial para la preocupación. La Biblia mira hacia el futuro. Página tras página, pasaje tras pasaje, están dedicados a la profecía, a lo que está por venir, a la resurrección, al regreso de Cristo, a las aventuras interminables de la vida eterna.

La próxima vez que caigas en un estado de ansiedad, respira profundo, pon el problema en suspenso, busca un lugar tranquilo y lee Apocalipsis 21—22, que es el catálogo de viajes del cielo. Imagínate la Nueva Jerusalén bajando del cielo, como una joya cubierta de diamantes, hacia la Nueva Tierra. Visualiza las calles, los muros, las puertas, el trono y el río de cristal. Lee 1 Tesalonicenses 4 acerca del momento del regreso de Cristo. Estudia la profecía. Ve lo que dice la Biblia acerca del futuro. Nuestras cargas no nos seguirán hasta el cielo, y no vale la pena comparar las pruebas y tribulaciones con la gloria que será revelada en nosotros.

The Message, paráfrasis de la Biblia en inglés, presenta esta interpretación de Filipenses 4:5-6: «El Maestro está a punto de llegar. ¡Puede venir en cualquier momento! No se aflijan ni se preocupen».

LA PRESENCIA DEL SEÑOR ESTÁ CERCANA

La otra aplicación de la frase «El Señor está cerca» en Filipenses 4:5 tiene que ver con la cercanía física. El Señor está cerca de ti en este momento, así que no te preocupes acerca de las cosas; ora. El Dios todopoderoso está aquí, en nuestra zona geográfica, más cerca de lo que creemos, ahora, acompañándonos, rodeándonos, compartiendo nuestro espacio, incluso viviendo en nosotros. Él es nuestra ayuda en momentos de angustia (Salmo 46:1).

Es fácil ver cómo esta realidad reduce el índice de ansiedad. Cuando consideramos la cercanía de Cristo, recordamos que Él camina con nosotros en todo momento. Él nota nuestro semblante, el tono de voz, el latir del corazón y el suspiro de nuestros labios. Y anhela que su presencia nos calme y controle.

Pablo aprendió esto por experiencia en Hechos 21—23, cuando se encontró con una serie de eventos desastrosos. Después de provocar de forma inadvertida un motín en el templo judío, casi muere a manos de una turba, solo para que lo rescataran soldados romanos que lo despojaron y lo ataron para azotarlo. Logró salir del problema explicando su situación, pero después lo arrastraron ante el consejo de la ciudad para que se defendiera. Sus planes y perspectivas se debilitaron bajo la amenaza de encarcelamiento prolongado, amenazas legales paralizantes y posible ejecución.

Ponte en su lugar. Una vida interrumpida, atada con desafíos legales, la probabilidad de la cárcel y olas de presión legal.

Sin embargo, en ese momento de tanto peligro, Pablo recibió un visitante en prisión cuya presencia lo cambió todo. Hechos 23:11 dice: «A la noche siguiente el Señor se apareció a Pablo, y le dijo: ¡Ánimo! Así como has dado testimonio de mí en Jerusalén, es necesario que lo des también en Roma».

Nótense las palabras: «El Señor *se apareció* a Pablo, y le dijo». Estas palabras implican un tipo de realidad física, una presencia real detrás de las paredes de la prisión, junto a Pablo de manera tan verdadera como un personaje humano. La palabra *Señor* es la típica que usaban los escritores del Nuevo Testamento para referirse a Jesucristo. Este Señor cercano habló con una certeza dominante, diciendo: «¡Ánimo! Así como has dado testimonio de mí en Jerusalén, es necesario que lo des también en Roma».

Cuando te vuelves a Jesús, Él viene, se para junto a ti, está de veras presente por su Espíritu, habla por su Palabra, echa fuera el temor, imparte valor, y te da la certeza de sus promesas y sus planes. Eso fue lo que Pablo experimentó en Hechos 23:11; en Filipenses 4:5-6 nos dio a nosotros la lección: «El Señor Jesús viene pronto. No se preocupen por nada. Más bien, oren» (TLA).

Es cierto que Dios está en todo lugar al mismo tiempo, omnipresente, en todas partes de todo reino, en las esferas visibles e invisibles. Dios no se puede medir, y la esencia de su personalidad llena las galaxias y se extiende más allá de los límites del universo, cruzando todos los territorios del infinito insondable. Él ocupa toda dirección, habita todo sector, sigue toda pista y vive en todo rincón del universo. Dios llena el cielo y la tierra.

No obstante, de manera personal, nuestro Señor se acerca y nos habla en momentos de estrés, preocupación, ansiedad o temor. Cuando miro hacia atrás en mi vida adulta, he tenido muchas ocasiones en las que me ha sobrecogido la ansiedad. He tenido momentos en los que casi me ahoga la preocupación. Aun así, lo que más recuerdo de esos tiempos es cómo me llevaron a sentarme, abrir mi Biblia, clamar al Señor, orar y encontrar versículos bíblicos específicos que me calmaran y me dieran fuerza y valor. Esos ahora son mis versículos favoritos.

Ese es el privilegio de todo cristiano, y no solo es cosa de estudiar un libro. Es cosa de encontrarse con una persona viva y tocar una mano invisible. Incluso ahora, escribo estas palabras desde una habitación vacía de un hotel en Sioux City, Iowa, y he estado batallando con algunas preocupaciones que me molestan. Sin embargo, el cuarto no está vacío. Está tan lleno de la presencia del Señor como el Lugar Santísimo. Cuando recuerdo esto, la realidad viene a ser parte del cuadro.

Cuando me olvido de la presencia de Dios, vivo en un estado de negación, excusa y error. Cuando practico su presencia, lidio con la realidad, y la realidad me trae paz.

Leí en los diarios lo que le pasó a Blossie Anderson, una abuelita valerosa de ochenta y cinco años que decidió irse de pesca en las riberas del río Saluda cerca de Greenville, Carolina del Sur. Cuando su hijo, Louis, de sesenta y dos años trató de disuadirla, le dijo: «Yo te tuve a ti; no tú a mí».

Mientras caminaba con dificultad por el pantano infestado de serpientes con su vara de pescar, se cayó, se paró con dificultad, se desorientó y caminó por el área en dirección contraria. Por fin se sentó, exhausta, esperando que alguien viniera a su rescate. «No tenía miedo», contó después. «Yo sabía que el Señor estaba conmigo, y sabía que me enviaría ayuda, así que esperé».

Esperó todo el día, y pasó la noche allí a la intemperie. El sol salió, y otro día vino y se fue. Mientras tanto, los trabajadores de rescate organizaron una búsqueda intensa, pero estaban buscando al otro lado del río. La anciana se quedó donde estaba, esperando, y recordándose que Dios estaba cerca.

Incluso, los trabajadores buscaron su cuerpo en el río y no dejaron de buscar. A los cuatro días uno de ellos, rebuscando por el área oyó la voz de una anciana que decía: —¡Eh, señor!

—Abuelita, ¿cómo está? —le dijo el trabajador.

—Señor, ten misericordia —le contestó—, llevo aquí cuatro días sin nada que comer.

La llevaron al Hospital General de Greenville donde recibió tratamiento por agotamiento y deshidratación, y luego le dieron de alta. Más tarde les dijo a los reporteros: «Dormía de noche y descansaba durante el día. No tuve frío, ni miedo de las serpientes. Dios estaba conmigo, dándome calor, y mantuvo cerradas las bocas de las serpientes»[2].

La presencia muy real de Dios la sostuvo. Ahora, no me preguntes por qué esperó cuatro días antes de que la rescataran. Lo importante es que estuvo con ella. Y no me preguntes por qué tú y yo a veces estamos hundidos, desamparados y rodeados de serpientes de algún u otro tipo, a veces durante más tiempo de lo que deseamos. Cada creyente desde los tiempos bíblicos hasta hoy ha experimentado días de desorientación, pero nunca un día en que el Señor no estuvo con nosotros, dándonos calor y manteniendo cerradas las mandíbulas de las serpientes.

Varias categorías de versículos nos enseñan esta verdad.

Los versículos de la *cercanía*
- Salmo 73:28 dice: «Para mí el bien es estar *cerca* de Dios».
- Salmo 145:18 dice: «El Señor está *cerca* de quienes lo invocan, de quienes lo invocan en verdad».

- Moisés les dijo a los israelitas en Deuteronomio 4:7: «¿Qué otra nación hay tan grande como la nuestra? ¿Qué nación tiene dioses tan *cerca* de ella como lo está de nosotros el Señor nuestro Dios cada vez que lo invocamos?».
- El salmista, al verse acosado por sus enemigos, dijo: «Tú, Señor, también estás *cerca*, y todos tus mandamientos son verdad» (Salmo 119:151).
- Jeremías dijo: «Te *acercaste* el día que te invoqué; dijiste: No temas» (Lamentaciones 3:57, rv-60).
- Efesios 2:13 dice: «Pero ahora en Cristo Jesús, a ustedes que antes estaban lejos, Dios los ha *acercado* mediante la sangre de Cristo».
- Hebreos 10:22 dice: «*Acerquémonos*, pues, a Dios con corazón sincero y con la plena seguridad que da la fe, interiormente purificados de una conciencia culpable y exteriormente lavados con agua pura».
- Santiago añadió: «Acérquense a Dios, y él se *acercará* a ustedes» (Santiago 4:8).
- Y con esta palabra Pablo decidió cerrar Filipenses 4:5: «El Señor está *cerca*».

Los versículos de la *presencia*

- Éxodo 33:14 dice: «Mi *presencia* irá contigo, y te daré descanso» (rv-60).
- Salmo 46:1 dice: «Dios es nuestro amparo y nuestra fortaleza, *nuestra ayuda segura* en momentos de angustia».
- Salmo 140:13: «Ciertamente los justos alabarán tu nombre y los íntegros vivirán en tu *presencia*».
- Salmo 16:11 dice: «Me has dado a conocer la senda de la vida; me llenarás de alegría en tu *presencia*, y de dicha eterna a tu derecha».
- Salmo 89:15 habla de las bendiciones que disfrutan los que caminan a la luz de la *presencia* de Dios.
- Hechos 3:19 promete tiempos de refrigerio en la *presencia* del Señor. Y cuando Pablo exhortó a Timoteo en su ministerio, lo hizo «en *presencia* de Dios y de Cristo Jesús» (2 Timoteo 4:1).

Los versículos de *con*

- Cuando el patriarca José estuvo preso en Egipto, el tema recurrente era: «Pero el Señor estaba *con* él» (Génesis 39:2-3, 21, 23).
- Isaías 41:10 dice: «Así que no temas, porque yo estoy *contigo*».
- Génesis 28:15 dice: «Yo estoy *contigo*. Te protegeré por dondequiera que vayas».
- Isaías 57:15 dice: «Porque lo dice el excelso y sublime, el que vive para siempre, cuyo nombre es santo: "Yo habito en un lugar santo y sublime, pero también *con* el contrito y humilde de espíritu"».
- Salmo 23:4 dice: «Aunque ande en valle de sombra de muerte, No temeré mal alguno, porque tú estarás *conmigo*» (RV-60).
- De igual modo, Deuteronomio 31:6 dice: «¡Esfuércense y sean valientes! No tengan temor ni se aterroricen de ellos, porque el Señor tu Dios va *contigo*. Él no te abandonará ni te desamparará».
- El Evangelio de Mateo comienza dándole un nombre especial al Señor Jesús, Emanuel, que significa «Dios *con* nosotros» (Mateo 1:23); y Mateo termina su Evangelio con estas últimas palabras de Jesús: «Y les aseguro que estaré *con* ustedes siempre, hasta el fin del mundo» (Mateo 28:20).

Los versículos de *cerca*

- Salmo 34:18 dice: «El Señor está *cerca* de los quebrantados de corazón, y salva a los de espíritu abatido».
- Proverbios 18:24 dice: «Hay amigos más *fieles* que un hermano».
- Isaías 40:11 dice: «Alimentará su rebaño como un pastor; llevará en sus brazos los corderos y los mantendrá *cerca* de su corazón».

El salmista lo expresó en términos personales cuando oró:

> ¿A dónde podría alejarme de tu Espíritu?
> ¿A dónde podría huir de tu presencia?

Si subiera al cielo,
   allí estás tú;
si tendiera mi lecho en el fondo del abismo,
   también estás allí.
Si me elevara sobre las alas del alba,
   o me estableciera en los extremos del mar,
aun allí tu mano me guiaría,
   ¡me sostendría tu mano derecha! (Salmo 139:7-10)

Hebreos 13:5-6 dice: «"Nunca te dejaré; jamás te abandonaré". Así que podemos decir con toda confianza: "El Señor es quien me ayuda; no temeré"».

Hasta cierto punto, la definición misma del avivamiento es aprender a actualizar la presencia de Dios. Quizá, como tú, yo también anhelo que un tsunami nuevo y poderoso de avivamiento inunde nuestra tierra, y en mis estudios de los grandes avivamientos del pasado, el aspecto más significativo es una conciencia intensa y poco común de un sentir casi sobrenatural de la proximidad de Dios.

La Sra. Hester Rendall me habló una vez acerca de su trabajo durante la década de los cincuenta con el Rvdo. Duncan Campbell en la isla Lewis de las Hébridas. Entre 1949 y 1952 hubo un avivamiento allí. Aunque Hester no llegó hasta 1958, los resultados del avivamiento todavía eran evidentes. Una noche fue a un culto en una iglesia y la sensación de la presencia del Señor descendió con tal fuerza que la gente oraba con tal fervor que casi ni se atrevían a levantar la cabeza. Después de un rato, su amigo se le acercó y le sugirió que se fueran a casa. Hester dijo: «¿Por qué? Solo hemos estado aquí unos minutos?».

El amigo le dijo: «Son las tres de la mañana».

Los que estudian los avivamientos se encuentran una y otra vez con historias como esas, en las cuales la intensidad de la presencia de Dios llega a una zona geográfica con tanta fuerza que las personas casi pueden sentirla, se maravillan, y las llevan al instante a una convicción, conversión y confianza. Hace más de cien años, Frank Bartleman describió así una reunión de avivamiento a la que asistió: «Dios estaba tan maravillosamente cerca de nosotros que la misma atmósfera del cielo parecía rodearnos. Tal divino "peso de gloria" estaba sobre nosotros que solo podíamos estar postrados sobre nuestros rostros [...] El Señor era tan real que parecía casi visible»[3].

En los días del evangelista Carlos Finney, se desató un avivamiento en Rome, Nueva York y, según el historiador Wesley Duewel,

> todo el que venía al pueblo sentía una sensación sobrecogedora de la presencia de Dios. El alguacil de Utica, un pueblo a unos treinta y dos kilómetros, vino en viaje de negocios. Con anterioridad se había burlado y reído de los informes del avivamiento. Cuando el trineo en que viajaba cruzó el canal a dos kilómetros en las afueras de Rome, un sentimiento maravilloso de la presencia de Dios se apoderó de él. Mientras más se acercaba al pueblo, sentía su presencia con más poder. El alguacil encontró a los comerciantes tan sobrecogidos de asombro por Dios que casi no podían hablar. Para no llorar, el alguacil se levantó varias veces y fue hacia la ventana. Se apuró en terminar lo que había venido a hacer y regresó a Utica. Poco después se convirtió[4].

Según Duewel, durante el Gran Avivamiento de 1857-1858, la cobertura de la presencia del Espíritu Santo «parecía flotar como una nube invisible sobre muchos lugares de Estados Unidos, en especial sobre la costa este. A veces, esta nube de la presencia de Dios parecía extenderse hacia el mar. Los que estaban en barcos que se acercaban a la costa, en ocasiones sentían una influencia santa y solemne, incluso a más de ciento sesenta kilómetros de distancia [...] A bordo de uno de los barcos se desató el avivamiento antes de llegar a la costa. La gente comenzó a sentir la presencia de Dios y a detectar su propio pecado. El Espíritu Santo los llevó a convicción y comenzaron a orar»[5].

En algunos avivamientos, las personas sentían la presencia de Dios de manera tan poderosa que «sentían como si el Señor respirara sobre ellos». Y según un testigo ocular durante el avivamiento galés de 1906, «la sensación de la presencia del Señor estaba por todas partes. Se impregnaba, más aún, creaba la atmósfera espiritual. No importaba a dónde uno iba, la conciencia de la realidad y la cercanía de Dios les seguía [...] en las casas, las calles, las minas, las fábricas y en las escuelas». Los observadores describieron cómo «la nube de la presencia de Dios flotó por meses sobre gran parte de Gales»[6].

Yo nunca he experimentado algo tan extraordinario, pero estoy aprendiendo a reconocer la presencia de Dios por fe. Con todo lo maravillosas que fueron esas historias de avivamiento, no son sino recordatorios momentáneos de una verdad perdurable: el Señor está en nosotros, alrededor de nosotros, protegiéndonos, flotando sobre nosotros, acompañándonos, morando con nosotros y ayudándonos en todo momento, bien sea o no que sintamos su presencia física. Caminamos por fe y no por sentimientos, pero esto no disminuye la realidad de su cercanía. Con tantas veces que nos ha asegurado de su presencia, ¿cómo podremos dudar de Él?

Sería útil visualizar su cercanía. Cuando te levantas de mañana, allí está Dios. Cuando te duchas y te vistes para ir al trabajo o a la escuela, Él está allí. Cuando subes al avión, cuando suena el teléfono, cundo recibes un informe malo, Él está allí. Cuando le haces frente a una persona difícil, cuando perseveras para terminar tu día, mientras trabajas o descansas, Él está allí. Cuando abres la puerta y entras a tu casa por la noche, cuando te retiras a la cama, Él está allí.

El Dr. A.W. Tozer lo explicó así: «La práctica de la presencia de Dios no consiste en proyectar un objeto imaginario desde el centro de su propia mente, para después tratar de darme cuenta de su presencia; más bien consiste en reconocer la presencia real de Aquel de quien toda teología sana declara que ya está presente»[7].

El propósito principal de la oración es reconocer la presencia del Señor. Alguien le preguntó una vez al evangelista Dwight L. Moody cómo lograba mantener una relación tan íntima con Cristo, a lo que él respondió:

> Vine a Él como el mejor amigo que he encontrado, y en tal relación, puedo confiar en Él. He creído que es Salvador; he creído que es Dios; he creído que su expiación en la cruz es mía, y he venido a Él y me he puesto de rodillas, entregándole todo. Luego me he levantado y estoy a su lado como mi amigo, y no tengo problemas

en mi vida, no tengo incertidumbre en mi trabajo. Me dirijo a Él y le hablo con la naturalidad con que le hablo a alguien en la misma habitación. Lo he hecho todos estos años porque puedo confiar en Jesús[8].

Cualquiera que sea tu carga hoy, recuerda la práctica de regocijarse, la práctica de la gentileza, la práctica de la cercanía, tanto en términos de su pronta venida como de su presencia inmediata. Esos son los puntos de partida de la estrategia bíblica para deshacerte de la preocupación crónica.

Trata de aprender de corazón estos principios simples:

Regocíjense en el Señor siempre. Y otra vez les digo, ¡regocíjense!
Que la gentileza de ustedes sea conocida de todos los hombres.
El Señor está cerca.
No se preocupen por nada.

PREGUNTAS PARA LA DISCUSIÓN

1. A la luz de Romanos 8:18 y 2 Corintios 4:17, ¿cómo debemos evaluar nuestras cargas y preocupaciones? ¿Qué carga actual puedes ver de manera diferente al hacerlo en el contexto de tu futuro final?
2. Lee Santiago 4:8 y anota sus instrucciones. Ahora, ve a Deuteronomio 4:7 y fíjate cómo este segundo versículo nos da la manera de cumplir el primero. ¿Cómo se refleja esto en Filipenses 4:5-6?
3. ¿Qué simple hábito puedes comenzar, modificar, fortalecer o reanudar esta semana que te ayude a practicar mejor la presencia de Dios?

CAPÍTULO CUATRO

LA PRÁCTICA DE LA ORACIÓN

> No se preocupen por nada. Que sus peticiones sean conocidas delante de Dios en toda oración y ruego.
>
> FILIPENSES 4:6, RVC

Cuando el presidente William McKinley yacía moribundo de una bala asesina en Búfalo, Nueva York, en 1901, la oración del Padrenuestro estaba en sus labios. La oración fue una práctica que guio a McKinley durante toda su vida y a través de su carrera política, e incluso hasta la presidencia. McKinley nació en una devota familia metodista cincuenta y ocho años antes, y nació de nuevo a los catorce años en un campamento metodista. Según su pastor, A.D. Morton, el joven McKinley se levantó en medio de la reunión de jóvenes y dijo: «Soy pecador; quiero ser cristiano [...] Me entrego al Salvador que ha hecho tanto por mí»[1].

La madre de McKinley, una mujer de intensa devoción y oración, le enseñó a orar por ejemplo y exhortación, pero las más duras lecciones las aprendió bajo las presiones como presidente de Estados Unidos.

Una de las decisiones más difíciles fue en cuanto a la condición de las Filipinas después de la guerra hispano-estadounidense. Un día, una delegación de líderes metodistas fue a la Casa Blanca, y McKinley les dijo cómo decidió resolver la crisis en las Filipinas.

«Lo cierto es que no quería las Filipinas», les dijo. «No sabía qué hacer [...] busqué consejos de todas partes, de los demócratas y los republicanos, pero de nada me ayudó [...] caminé por la Casa Blanca noche tras noche hasta la medianoche, y no me avergüenzo de decirles, señores, que más de una noche me arrodillé y le pedí al Dios todopoderoso que me diera luz y dirección. Y una de esas noches, tarde, me vino de esta manera».

McKinley les contó la estrategia que le vino a la mente mientras oraba: que Estados Unidos debía tomar en serio la necesidad de las Filipinas y ayudarles, y «por la gracia de Dios hacer todo lo posible por ellos como nuestros hermanos por los que murió Cristo». McKinley añadió: «Entonces, me fui a la cama y dormí profundamente»[2].

Me encanta esta pequeña porción de historia presidencial porque ilustra lo que debemos hacer cuando no sabemos qué hacer, cuando parece que los problemas no tienen solución, y cuando las cargas nos mantienen despiertos de noche. El consejo humano puede ayudar, pero nada se compara a llevárselas al Señor y procesarlas en oración, a fin de lograr dirección, sabiduría y paz.

La oración es el amortiguador del alma, donde se repela el miedo, y ganamos gracia y dirección. Ese es el proceso que describe Filipenses 4:6: «No se preocupen por nada. Que sus peticiones sean conocidas delante de Dios en toda oración y ruego, con acción de gracias» (RVC).

Es posible que Pablo sacara este principio del Salmo 37: «No te inquietes [...] Confía en el Señor [...] Deléitate en el Señor [...] Entrega al Señor todo lo que haces [...] Quédate quieto en la presencia del Señor, y espera con paciencia que él actúe. No te inquietes [...] No pierdas los estribos, que eso únicamente causa daño» (vv. 1-8, NTV).

Quizá estuviera pensando en las palabras de Cristo en Mateo 6: «Ora a tu Padre, que está en lo secreto [...] ora: "Padre nuestro que estás en el cielo" [...] Por eso les digo: No se preocupen [...] ¿por qué se preocupan? [...] no se preocupen [...] Por lo tanto, no se angustien» (vv. 6, 9, 25, 28, 31, 34).

De alguna manera, el apóstol Pablo exprimió, condensó y comprimió dos grandes capítulos de la Biblia, el Salmo 37 y Mateo 6, en un versículo increíble: Filipenses 4:6, donde cada frase es una maravilla de la psicología y de la espiritualidad.

«NO SE PREOCUPEN POR NADA»

Este versículo comienza con una orden: «No se preocupen por nada» (RVC). En un principio, el apóstol Pablo escribió estas palabras en griego, y el término que usó para preocupar fue *merimnao*, que viene de una palabra que significa «halar en diferentes direcciones». La preocupación hala tu mente despedazándote. Te rasga y rompe los pensamientos y sentimientos. Te hace sentir como si te estuvieran rasgando en dos.

¿Qué debe hacernos esto? ¡Nada! ¡Absolutamente, nada!

Algunas traducciones de la Biblia dicen de manera enfática: «No se inquieten por nada». En un libro de declaraciones excepcionales, esta es una entre las primeras. *Nada* debe agitarnos, porque *nada* podrá separarnos del amor de un Dios para quien *nada* es imposible.

Mientras mejor comprendamos la soberanía ilimitada de Dios, menos nos preocuparemos por las cargas de la vida diaria. Si echamos el ancla del corazón en las infinitas profundidades del amor de Cristo, nada nos hará zozobrar. Cuando reclamamos de veras la riqueza inagotable del depósito del Espíritu, seremos ricos en la paz que sobrepasa todo entendimiento.

La paráfrasis bíblica de Eugene Peterson, *The Message*, define Filipenses 4:6-7 así: «No se preocupen, ni se inquieten. En vez de preocuparse, oren. Dejen que sus peticiones y alabanzas conviertan sus preocupaciones en oraciones, y dejen que Dios conozca sus ansiedades. Antes que se den cuenta, la sensación de la santidad de Dios, y el saber que todo obra para bien, vendrá y les tranquilizará. Es maravilloso lo que sucede cuando Cristo desplaza la preocupación del centro de tu vida».

Si este consejo solo estuviera en este versículo de la Biblia, sería maravilloso y bien recibido. Sin embargo, *no* lo vemos nada más aquí.

Esta palabra griega en particular, *merimnao*, aparece varias veces en la Biblia, y siempre es coherente en su enseñanza y representa la vacuna divina contra la pandemia de la preocupación.

- *Merimnao* se encuentra en la versión griega del Antiguo Testamento (la Septuaginta) en el Salmo 55:22, donde se traduce «carga»: «Echa sobre Jehová tu carga, y él te sustentará; no dejará para siempre caído al justo» (RV-60). El escritor admite que tenemos «cargas», tenemos situaciones que nos desgarran la mente, pero nos dice qué hacer con ellas. Échalas sobre el Señor, dáselas, y ponlas en sus manos, dejando que Él se encargue de las situaciones que nos confunden.
- La próxima vez que nos encontramos con la palabra *merimnao* es en el Sermón del Monte en Mateo 6:25-34, donde se traduce «preocupación». Jesús la repitió varias veces en el párrafo diciendo: «Por eso les digo: No se *preocupen* por su vida [...] por qué se *preocupan* [...] Así que no se *preocupen* [...] Por lo tanto, no se *angustien* [preocupen] por el mañana». Este pasaje contiene la principal enseñanza del Señor acerca de cómo hacerle la guerra a la preocupación.
- Jesús usó de nuevo la palabra *merimnao* en Mateo 10:19, diciéndoles a los que sufrían persecución: «Pero, cuando los arresten, no se *preocupen* por lo que van a decir o cómo van a decirlo. En ese momento se les dará lo que han de decir».
- En Lucas 10:41, el Señor usó esta palabra mientras reprendía a Marta con amabilidad, que trabajaba con un frenesí irritable. Le dijo: «Marta, Marta» [...] estás inquieta y *preocupada* por muchas cosas».
- En 1 Corintios 7:32, Pablo les dijo a los cristianos a quienes les escribía: «Yo preferiría que estuvieran libres de *preocupaciones*», libres de *merimnao*.
- Pedro también usó *merimnao* cuando dijo: «Depositen en él toda *ansiedad*, porque él cuida de ustedes» (1 Pedro 5:7). Observa el «toda» en este versículo. Nada es demasiado pequeño para el amor del Señor, ni demasiado grande para su poder. No

debemos estar ansiosos por nada, porque podemos depositar en Él todas nuestras ansiedades.

- Y aquí en Filipenses 4:6, si ampliáramos este versículo, podemos presentarlo así: «No se preocupen [ni estén ansiosos] por nada. Que sus peticiones [específicas] sean conocidas delante de Dios en toda oración y ruego [y en toda circunstancia y situación], con acción de gracias» (RVC).

¿Cómo es posible obedecer un mandamiento tan ilógico como Filipenses 4:6? La preocupación para nosotros es tan natural como la respiración. Algunos de nuestros primeros recuerdos son de las ansiedades que sentimos en nuestra niñez y, al parecer, nuestra capacidad de preocuparnos no disminuye según crecemos. Lo sé bien; soy experto en la materia.

A decir verdad, me ha sido difícil aceptar la premisa de este pasaje. La ansiedad está tan incrustada en mi personalidad que cuando *no* me preocupo, me siento culpable. Cuando algo me perturba de manera profunda, siento que mi responsabilidad es preocuparme. Al parecer, es una obligación moral preocuparme por las cosas que es lógico que deban preocuparme. ¿Cómo puedo echar a un lado las cosas que me afectan tanto a mí y a los que amo? Si no me preocupo yo, ¿quién lo hará?

Bueno, ese es el punto.

Cuando le entregamos las preocupaciones al Señor, Él en seguida empieza a trabajar. Él puede guardar lo que le hemos confiado (2 Timoteo 1:12). Dios, siendo Dios, no se preocupa, sino obra. El salmista dijo: «SEÑOR, ya es tiempo de que actúes» (Salmo 119:126). Y Dios, con sus acciones, puede hacer mucho más de lo que podemos hacer nosotros con nuestra ansiedad. Según Efesios 1:11, Dios tiene planes y propósitos que obran todo en conformidad con el propósito de su voluntad. Según Romanos 8:28, todo obra para nuestro bien. A veces descubrimos que naufragamos en la omnipotencia y encallados en la soberanía[3].

Las cosas nos van mucho mejor cuando Jehová-Shalom lleva la mayor proporción de nuestras cargas. Entonces, ¿cuál es con exactitud el proceso por el que transferimos las cargas a Dios y recibimos paz?

Hay una sola manera: la oración. La oración sincera, sentida y bíblica. Así es que transferimos nuestras preocupaciones legítimas a las manos poderosas de nuestro Señor, y Él trasfiere su paz inexplicable a nuestro frágil corazón.

La oración es la habitación donde nos cambiamos y sustituimos un espíritu de angustia con un ropaje de alabanza. Es el banco donde presentamos las notas promisorias de las promesas de Dios y sacamos depósitos interminables de gracia. Es el cuarto oscuro donde los negativos se convierten en fotografías. Es la estación de cambio donde el pulso del miedo lo cambiamos por el impulso de la fe. Es el cambio de divisas donde cambiamos nuestras deudas por la vida abundante de Dios. Esta es la sustitutiva terapia bíblica, y es la responsabilidad de todo hijo de Dios aprender a desplazar los pensamientos de ansiedad y sustituirlos con oración constante, y hacerlo en toda ocasión.

Este versículo no describe un estado natural, sino un proceso sobrenatural. Según los comentarios que he consultado, la construcción de esta oración en su lenguaje original, como la escribió Pablo, contiene la implicación de que los filipenses eran gente ansiosa. Se preocupaban por las amenazas, los peligros y la creciente persecución. Sentían la presión del encarcelamiento de Pablo y estaban inquietos por la supervivencia misma del cristianismo en el mundo romano. Sus ansiedades habían llegado a un punto culminante, y con razón. Aun así, Pablo les dijo, como pudiera traducirse literalmente Filipenses 4:6: «Dejen de preocuparse y comiencen a orar»[4].

Aquí tenemos a estos cristianos, en una de las iglesias más fuertes del Nuevo Testamento, la iglesia de Filipos. Habían vencido el fuego de la persecución, y eran fieles devotos. De todas las iglesias de Pablo, los filipenses habían sido los más generosos con él, enviándole dinero y ayudándolo en toda oportunidad. Los unía un vínculo fuerte. Con todo y eso, algunos de estos creyentes se hacían pedazos al sonar cualquier alarma. Necesitaban dejar de preocuparse para poder disfrutar del poder trascendental de la paz de Dios, que mejoraría su situación desde todo ángulo.

Esto requería un compromiso serio a la oración, a fin de orar de manera sistemática, metódica, detallada y con fe. La vida de fe es una experiencia que está en constante crecimiento, y la oración es un proceso continuo de morar en la presencia del Padre, de encontrarnos con Él en todo lugar, de consultar con Él en toda situación, y confiar en Él en toda prueba. En oración, le entregamos los problemas al Señor, y Él nos entrega su paz. Esto nos permite deshacernos de la falsa culpabilidad que a veces sentimos cuando dejamos de preocuparnos.

Si vivimos lo suficiente, quizá lleguemos a un nivel de madurez que va más allá de toda preocupación y temor. Yo no he llegado todavía, como tampoco habían llegado los filipenses. Lo que el Señor nos dice en Filipenses 4 es: «Cuando veas que la preocupación te desgarra, aprende a usar el poder de mi presencia a través de la oración para desatar el proceso divino que puede conquistar la ansiedad, demoler las fortalezas, efectuar el cambio e inyectar una poderosa dosis de paz trascendente a tu corazón, en toda situación que enfrentes en la vida».

A veces, no queremos dejar de preocuparnos porque nos parece mal sentirnos ligeros. No queremos reaccionar de manera frívola ni inapropiada a los problemas de la vida. Sin embargo, en toda ocasión, nuestro Dios sobrenatural quiere aliviarnos el corazón y levantar las nubes de la inquietud. Las cosas nunca son tan malas como parecen cuando nos preocupamos. Mediante la oración Dios pone a nuestra disposición todos sus recursos, y ninguna de sus promesas tiene fecha de vencimiento. Así que deja de preocuparte y comienza a orar, dedicando tiempo para notar en específico las cosas por las que puedes dar gracias.

Rechazar la ansiedad no significa que algo no nos concierna, ni nos haga pasivos a las circunstancias. Cierto grado de preocupación es apropiado, y es necesario responder con sabiduría, pero la ansiedad es inútil. El espacio entre una simple preocupación por algo y la preocupación ansiosa por las circunstancias es una pendiente resbaladiza. A menudo me he preguntado cómo puedo distinguir entre la preocupación razonable o la ansiedad irrazonable. Es un terreno difícil, pero esta es la clave: Cuando la naturaleza de nuestras preocupaciones es saludable, no nos debilita. Cuando comenzamos a sentirnos débiles, la preocupación ha evolucionado y ahora es una ansiedad que se ha convertido en un círculo vicioso. No sé tú, pero a veces me enfermo de preocupación por lo preocupado que estoy debido a estar preocupado.

Cuando la preocupación entra en el cerebro, trae consigo una pandilla de cómplices, como el desaliento, el miedo, el cansancio, la tristeza, la angustia, la desesperanza, el dolor, la obsesión, la distracción, el presagio, la irritación, la impaciencia. Ninguna de estas son amigas del Espíritu Santo. Tenemos que echar del corazón y de la mente a estos parásitos, y abrirles la puerta por la oración, a fin de que salgan y la paz de Dios venga a socorrernos, y nos asegure los pensamientos y sentimientos.

«MÁS BIEN, EN TODA OCASIÓN»

¿Con qué frecuencia debe suceder esto? Debe suceder «en toda ocasión». ¡Cada una! La frase «en toda ocasión» es indicativa del libro de Filipenses (NVI), donde vemos salir varias formas de esta idea por todo el libro. Pablo escribía desde la cárcel, donde se había afrontado varias circunstancias difíciles. Habló de lo que le había sucedido, lo que podría sucederle, y acerca de las circunstancias y situaciones que habían venido a su vida sin desearlas.

- En Filipenses 1:12 dijo: «Hermanos, quiero que sepan que, en realidad, lo que me ha pasado».
- En el versículo 19 habla de nuevo acerca de «todo esto».
- En el versículo 27 les dice: «Pase lo que pase, compórtense de una manera digna del evangelio de Cristo».
- En Filipenses 2:23 les dijo que les enviaría a Timoteo «tan pronto como se aclaren mis asuntos».
- En Filipenses 4:6 usó la frase «en toda ocasión».
- En el versículo 11 habló de su habilidad de permanecer satisfecho «en cualquier situación».
- En el versículo 12 dijo: «He aprendido a vivir en todas y cada una de las circunstancias».

Todas estas frases indican que las cosas que le sucedían a Pablo estaban fuera de su control. Sin embargo, en vez de preocuparse, había aprendido que podía entregárselas al Señor y orar por cada una de ellas, sabiendo que bajo el control providencial de Dios, cada situación, en el análisis final, se convertiría en algo provechoso y ordenado por Dios. Ese orden providencial del Señor, de que todas las cosas obran para el bien de los hijos de Dios, es tan cierto como la resurrección de Cristo de la tumba en el tercer día.

A veces aprendemos esto en el momento. No hace mucho, un piloto de Nueva Zelanda llamado Owen B. Wilson quería hacer algo especial por su amigo Grant Stubbs que celebraba su cumpleaños. Wilson le ofreció a su amigo llevarlo a volar en un avión ultraligero de dos asientos. Los dos hombres levantaron vuelo un domingo después de la iglesia en el pueblo Blenheim, South Island, región Marlborough, y volaron en dirección noreste sobre Golden Bay, alrededor de las montañas y por los hermosos paisajes del norte de la isla. El cielo estaba claro como el cristal y el panorama esplendoroso se desplegaba ante sus ojos. Entonces, al cruzar un monte alto, el motor chisporroteó y murió. El avión comenzó a perder altitud, y en ese momento, Wilson no podía ver nada excepto los hondos abismos montañosos que descendían hacia un peligroso mar.

Ambos hombres eran cristianos y oraron en seguida y con intensidad. Stubbs, que se crió en el hogar de un ministro y que trabajó con Juventud para Cristo y *Campus Life*, oró en voz alta mientras que Wilson manejaba los controles. Cuando parecía que se iban a estrellar contra una montaña, Stubbs gritó: «¡Señor, ayúdanos a cruzar esa pendiente!».

Pasaron rozando por la cima, y Grant comenzó a orar: «¡Señor, necesitamos encontrar dónde aterrizar!». Justo cuando parecía que habían perdido toda la esperanza, los hombres vieron una pequeña franja de tierra casi escondida entre dos crestas. Wilson maniobró el avión en esa dirección. Planearon hacia el estrecho valle y aterrizaron, rebotando hasta detenerse. Ambos gritaron: «¡Gracias, Señor!».

Levantaron la vista y justo frente a ellos había un letrero enorme de seis metros que decía: «¡Jesús es el Señor!».

Resultó que el campo era propiedad de un centro de retiros cristiano, lo cual explicaba el cartel. Los dueños, que corrieron para saludar a sus inesperados invitados, les dijeron que 'el campo casi siempre estaba lleno de ganado, pero ese día estaban parados al borde del camino, como dándoles espacio para que aterrizaran[5].

Muchas veces volamos hacia situaciones de ansiedad en la vida. Nuestros motores se detienen. Encontramos turbulencia. Tal vez nos estemos preparando para un choque y las cosas parecen desesperadas. Sin embargo, en cada situación practicamos el poder de la oración, y así es que descubrimos la increíble verdad de que Jesús es el Señor.

«CON ORACIÓN Y RUEGO, PRESENTEN SUS PETICIONES A DIOS»

Continuamos con Filipenses 4:6. Pablo describe con más precisión cómo llegarnos a Dios con nuestros problemas. Él usa las palabras *oración* y *ruego*, y la frase «presenten sus peticiones». *Oración* es una palabra general para nuestra comunicación con Dios. *Petición* es un término más específico, que se refiere a pedirle ayuda a Dios respecto a ciertas necesidades. Una cosa es conversar con un amigo; otra es pedirle un favor. Cuando necesitamos múltiples favores, somos todavía más específicos y *presentamos nuestras peticiones*. Aunque esas frases son muy similares, su triple uso indica la intensidad que necesitamos cuando ponemos en práctica esta oportunidad. Debemos orar, después orar más, y seguir orando. Como dijera una vez el Dr. J. Oswald Sanders acerca de cierto asunto: «Hay que orar en detalle»[6].

Ninguno de nosotros lo hace a la perfección, pero podemos mejorar, podemos aprender y podemos crecer en la oración que prevalece. Una de las claves es la diversificación de los métodos. Podemos practicar la oración de muchas maneras. No solo es cosa de bajar la cabeza, doblar las manos y cerrar los ojos. Es más, cuando estudiaba las posturas físicas usadas por los diferentes personajes de la Biblia mientras oraban, me maravillé de no encontrar ningún ejemplo, ni siquiera uno, de alguien en la Biblia que en realidad cerrara los ojos, bajara la cabeza o doblara las manos al orar. Estas prácticas no tienen en sí nada malo, desde luego, pero la mayoría de las veces, los héroes de la Escritura abrían los ojos, levantaban las manos y miraban al cielo cuando oraban.

Oraban arrodillados, sentados, acostados, postrados, de pie, caminando, bajo el cielo, en sus habitaciones, en los armarios, en la azotea, en las cuevas y en el vientre de un pez. Oraban en silencio y en alta voz. Oraban en privado y en público. Oraban con suspiros, palabras, gritos y cánticos. Hacían oraciones largas y cortas. Escribían sus oraciones. Oraban con lágrimas y risas. Oraban yendo y viniendo, en la casa y fuera de casa, de día y de noche. Ofrecían oraciones de confesión, acción de gracias, alabanza, poder, súplica y petición. Oraban en desesperación y agrado. En los Salmos, a menudo comenzaban las oraciones en angustia, y terminaban en alabanza, nunca al revés.

La Biblia reconoce la diversidad de los métodos de oración cuando nos dice: «Oren en el Espíritu en todo momento, con peticiones y ruegos. Manténganse alerta y perseveren en oración por todos los santos» (Efesios 6:18).

Cuando me encuentro atravesando un episodio de ansiedad, a menudo estoy en un escritorio con mi diario y la Biblia abierta, pidiéndole a Dios que estabilice, no solo la situación, sino a mí también. Escribo mis temores y emociones, porque al nombrarlos, los hace más fácil de manejar. Entonces, busco en la Escritura para encontrar versículos que consuelen mi corazón, y los escribo también. Entonces oro en alta voz, en ocasiones escribo mis oraciones, a veces paseo por la habitación, me arrodillo, caigo sobre mi rostro, o me voy a caminar y orar mientras pido la ayuda de Dios. Otras veces busco a alguien con quien orar, mi esposa, un compañero de oración o un amigo íntimo.

A veces las oraciones se extienden. Daniel y Nehemías ayunaron y oraron por muchas semanas por ciertos asuntos. Por otra parte, el publicano en Lucas 18:13 solo se golpeaba el pecho y decía estas nueve palabras: «Oh Dios, ten compasión de mí, que soy pecador».

De vez en cuando, encuentro una frase en la Escritura en la que puedo pensar una y otra vez cuando viene el temor o el pánico. Un buen ejemplo es Mateo 6:10, que dice: «Hágase tu voluntad en la tierra como en el cielo». Este es un ruego general de los labios de Jesús que me ayuda a saber cómo orar cuando fallan otras palabras: «Señor, que se haga tu voluntad en esta situación como se hace en el cielo». Cada vez que se levanta la ola de la preocupación en mi corazón, me detengo y oro a propósito: «Señor, que se haga tu voluntad en esto ahora mismo». Podemos sentir la intensidad de esta frase porque al final de su vida terrenal, nuestro Señor volvió a ella en el huerto de Getsemaní, diciendo: «Hágase tu voluntad» (Mateo 26:42).

Un método poderoso de oración es encontrar frases en la Biblia. Un amigo que batalló contra una enfermedad terminal me dijo que se debilitó demasiado para hacer oraciones muy largas, pero que le venían a la mente frases de la Escritura y las convertía en oraciones que ofrecía a lo largo del día. De sus años estudiando la Biblia y memorizando Escrituras, tenía un depósito sin fin de material para poner aceite en la lámpara de sus débiles oraciones durante la noche de su vida.

Cuando usamos las palabras de la Escritura en oración, oramos como Dios quiere que lo hagamos. La Biblia es un libro de oraciones grande, lleno de versículos que pueden convertirse en oraciones con tanta facilidad como sustituir el nombre de alguien por las palabras originales. Por ejemplo, si te preocupa un hijo o familiar problemático, considera Colosenses 4:12: «Les manda saludos Epafras, que es uno de ustedes. Este siervo de Cristo Jesús está siempre luchando en oración por ustedes, para que, plenamente convencidos, se mantengan firmes, cumpliendo en todo la voluntad de Dios».

Siempre podemos convertir este versículo en una oración por nuestros seres queridos: «Señor lucho en oración por ellos, para que, plenamente convencidos, se mantengan firmes, cumpliendo en todo tu voluntad».

Cuando encuentres una oración que satisfaga tu necesidad, es importante ofrecerla con el elemento de la fe. Puede que no siempre tengamos una gran fe, pero siempre podemos tener fe en un gran Dios y en sus promesas infalibles. El Señor espera nuestra confianza, y es un insulto cuando dudamos de las mismas palabras por cuya confirmación murió Cristo.

La oración no debe ser una rueda de hámster de preocupación; debe ser una plataforma de lanzamiento de fe. Llevamos nuestras cargas al Señor y las dejamos ahí. El libro de Santiago nos dice que oremos cada vez que nos veamos en problemas, porque la oración de fe puede marcar la diferencia. «La oración del justo es poderosa y eficaz» (5:16).

Entonces, hay diversidad en nuestros métodos de oración, pero me ha resultado útil pensar en la oración en tres formas distintas.

La oración diaria

Para mí la oración más importante es la oración diaria. Debemos orar con regularidad, de manera sistemática, metódica y diaria. La vida de oración del profeta Daniel era tan habitual que hasta sus enemigos conocían sus hábitos. Daniel se arrodillaba de mañana antes de ir al trabajo del día; volvía a casa y oraba durante el descanso del mediodía; y oraba de noche antes de ir a la cama (Daniel 6:10).

Cuando tenía diecinueve años, tuve mentores que me enseñaron la importancia de comenzar el día con devocionales matutinos, y este hábito me ha mantenido a flote por cuarenta y seis años. De esto hablo con más detalle en el libro *Mastering Life Before It's Too Late*, pero aquí está la versión corta: Después de levantarme y ducharme en la mañana, me siento en un escritorio pequeño que tengo en el segundo piso de mi casa, donde escribo unas cuantas líneas en mi diario, leo la Palabra de Dios, medito sobre algunos versículos que quiero memorizar, abro mi lista de oración, dando gracias a Dios por sus bendiciones, y le pido que intervenga en las cosas que son de interés para mí. A menudo oro en voz alta. Antes de irme del lugar, consulto mi calendario y escribo una agenda para el día. El Salmo 143:8 dice: «Por la mañana hazme saber de tu gran amor, porque en ti he puesto mi confianza. Señálame el camino que debo seguir, porque a ti elevo mi alma».

Es así de simple, pero si abandono esta práctica, nada me va bien durante el día.

Quizá la mañana no sea conveniente para ti. No es cuestión de tener un tiempo de oración en la *mañana*, sino un tiempo de oración *diario*, lo que te resulte mejor. Las cosas más importantes para nosotros son las que hacemos a diario. Ese es el pegamento que mantiene unidas las cosas. Jesús nos dijo que fuéramos a nuestra habitación, cerráramos la puerta y habláramos con nuestro Padre en secreto (Mateo 6:6). Esto implica un tiempo y lugar definitivo para encontrarnos en privado con Dios, de manera que nos permita reconocer y ser conscientes de su presencia, lo cual, después de todo, es la intención en Filipenses 4:5-6: «El Señor está cerca [...] en toda ocasión, con oración y ruego, presenten sus peticiones a Dios».

Algunos mantienen una lista de peticiones en la guarda de su Biblia. Otros solo mantienen una lista mental. Mi amigo Don Wyrtzen me contó cómo, a través de los años, ha desarrollado un patrón mental que guía sus oraciones, basado en su lectura del libro de Efesios. Comienza su tiempo de oración haciendo énfasis en el aspecto espiritual de su vida, alabando a Dios por quién es, lo que hace, conociéndole, amándole y confiando en Él. Entonces, Don continúa con el aspecto relacional de su vida, orando por sí mismo, su esposa, sus hijos y nietos, sus hermanos, su familia extendida y amistades, y los que necesitan al Señor. Por último, ora por el aspecto vocacional de su vida, su llamamiento y ministerio, sus finanzas y oportunidades. No usa una lista escrita, pero su bosquejo mental le acompaña a cualquier parte que vaya, y es la estructura de su tiempo de oración diario con Dios. Don me dijo que cuando ora por sus amigos dispersos por todo el país, a menudo hace un viaje mental de este a oeste, comenzando en Maine, orando por ellos, hasta terminar en el sur de California[7].

Es posible que Pablo hiciera algo similar. Debe haberle sido difícil mantener listas escritas a causa de sus condiciones imprevisibles. Sin embargo, la oración se adapta de manera extraordinaria a toda situación, siempre que la practiquemos a diario.

Si este es un hábito nuevo para ti, persevera en él, por favor. Cuando oriento a los jóvenes acerca de sus hábitos de oración, les pido que hagan compromisos inquebrantables por un tiempo, con medidas de rendición de cuentas en su lugar. Aprender a orar requiere determinación, pero vale la pena. Puede salvarte de una vida ansiosa.

Oraciones del Día D

Algunas veces necesitamos practicar la oración del Día D en tiempos de crisis o temores poco comunes. En la mañana del 6 de junio de 1944, multitudes atestaron la estación terminal ferroviaria de la ciudad de Washington, yendo y viniendo, cruzando la plataforma, todos a sus respectivos trenes. Durante semanas, hubo rumores de un inminente Día D, cuando las tropas aliadas invadirían a Europa a fin de cambiar el rumbo de la Segunda Guerra Mundial. En esa mañana, sucedió algo increíble. No se hizo ningún anuncio por los altavoces, y ni las radios ni los vendedores de periódicos gritaban la noticia. Sin embargo, de pronto todos se detuvieron. Cesaron las conversaciones. Había comenzado la invasión, y las noticias pasaban en susurros de que los chicos estadounidenses estaban desembarcando en las playas de Normandía.

Un rayo de sol penetró el lugar como en una catedral. De pronto, una mujer se tiró de rodillas y dobló las manos. Cerca de ella un hombre se arrodilló. Y luego otro, y luego otro, hasta que por toda la estación la gente estaba arrodillada en oración silenciosa junto a los duros bancos de madera. Una inmensa estación ferroviaria en la capital de nuestra nación se convirtió de repente en un palacio de oración.

Luego, poco a poco, la mujer se levantó. El hombre a su lado se levantó también, y en unos segundos toda la estación ferroviaria había cobrado vida de nuevo con sonido y movimiento. Por todo Estados Unidos la gente se detuvo para orar. La bolsa de valores de Nueva York abrió ese día en oración. El periódico *New York Daily News* publicó el Padrenuestro en primera plana. Hubo reuniones de oración por todo Estados Unidos[8].

Esa noche, el presidente Franklin Roosevelt habló por la radio a la nación, y dio lo que quizá fuera el discurso más conmovedor de la historia estadounidense. He visto el borrador original en la Biblioteca Presidencial FDR, y todavía se me hace un nudo en la garganta cuando lo leo o lo escucho:

> Mis conciudadanos, anoche, mientras les hablaba de la caída de Roma, sabía que en ese momento las tropas de Estados Unidos y nuestros aliados cruzaban el canal de la Mancha en otra gran mi-

sión. Podemos decir que hasta ahora, ha sido un éxito. Por tanto, en esta hora conmovedora, les pido que se unan a mí en oración: Dios Todopoderoso, nuestros hijos, orgullo de nuestra nación, este día han emprendido un gran esfuerzo, una lucha para preservar nuestra república, nuestra religión y nuestra civilización, y para liberar a una humanidad sufriente. Dirígelos en el camino recto y verdadero; dales fortaleza a sus brazos, determinación a sus corazones y firmeza a su fe. Ellos necesitarán tus bendiciones[9].

Después de orar por los hombres en las fuerzas armadas, Roosevelt continuó orando por los que estaban en casa, padres, madres, hijos, esposas, hermanas y hermanos. Terminó la oración con las palabras del Señor Jesús: *Sea hecha tu voluntad, Dios todopoderoso. Amén.* Todo el discurso de FDR fue una oración, pero en ese momento de la historia de nuestra nación, nada era más necesario.

De vez en cuando, todos afrontamos nuestros Días D individuales cuando nos vemos ante decisiones difíciles, presiones, desastres, desilusiones o desalientos. Las cargas y nuestros enemigos nos oprimen, nos abaten las tormentas. Sin embargo, no hay carga, enemigo, ni tormenta que pueda amenazar el trono de Dios. Por eso venimos confiadamente al trono de gracia, donde podemos recibir misericordia y hallar gracia para ayudarnos en el tiempo de necesidad (Hebreos 4:16).

En toda ocasión. En toda situación. Dondequiera que estemos; la estación de trenes, sentados en un avión, en la cama de un hospital, el tribunal, una celda, la cabina de nuestra camioneta, el clóset en nuestro dormitorio. El lugar donde estemos puede convertirse en una catedral de oración y alabanza.

En el libro de 1 Samuel, una mujer llamada Ana tenía serios problemas familiares. Fue al tabernáculo en Siló, y «con gran angustia comenzó a orar al Señor y a llorar desconsoladamente [...] Sus labios se movían, pero, debido a que Ana oraba en voz baja, no se podía oír su voz [...] Soy solo una mujer angustiada que ha venido a desahogarse delante del Señor» (1:10, 13, 15). Después que le entregó su carga al Señor, «se despidió y se fue a comer. Desde ese momento, su semblante cambió» (v. 18).

Dios no había contestado todavía su oración, pero ella convirtió su preocupación en una lista de oración, le entregó su carga al Señor, reclamó su victoria y su actitud cambió en consecuencia.

Vemos que este patrón se repite una y otra vez en la Biblia. Abraham y Sara oraron en su infertilidad; Jacob rogó por sus hijos; Moisés oró para que saliera agua de la roca; Josué oró por victoria en la batalla; Gedeón oró mientras estaba escondido de los madianitas; David oró mientras huía del ejército de Saúl; Ezequías oró durante la invasión asiria; Jeremías oró cuando vio que su cultura se desvanecía a su alrededor; Daniel oró para recibir sabiduría acerca de los últimos días; Nehemías oró mientras re reconstruía el muro de Jerusalén; Jesús oró en la víspera del Calvario; la iglesia primitiva oró por denuedo en medio de la persecución; los apóstoles oraron por poder de lo alto; Juan oró cuando estaba exiliado en Patmos.

En los momentos de crisis, debemos orar y confiarle a Dios esas cargas que sabemos que son más pesadas de lo que podemos soportar. Esto no es un asunto despreocupado. Es una guerra espiritual, porque como escribió Cameron Thompson: «Llega un momento en el que, a pesar de nuestros métodos suaves y modernos, debemos orar desesperados, debemos luchar, debemos ser francos, osados e importunos [...] abriéndonos camino a través de poderes y principados, invitando a que obre su poder omnipotente en nuestras necesidades más apremiantes»[10].

A pesar de la intensidad de esos tiempos especiales de oración, el proceso es simple en forma excepcional. El compositor afroamericano Charles A. Tindley aconsejó una vez a un hombre que sufría de preocupación crónica. Después de escucharle por un tiempo, Tindley le aconsejó que llevara sus cargas al Señor y las dejara allí; y al reflexionar sobre el consejo dado, Tindley lo convirtió en un amado himno:

> *Si el mundo te quita su oro y su plata,*
> *Y debes seguir adelante en la miseria,*
> *Solo recuerda, en su Palabra, cómo alimenta al pajarillo;*
> *Lleva tu carga al Señor y déjala allí*[11].

Oraciones a lo largo del día

Hay otra clase de oración que nos ayuda en toda ocasión. Las oraciones a lo largo del día. La oración no es algo que solo hacemos en nuestros devocionales regulares o en medio de una crisis. La Biblia nos dice que debemos orar sin cesar. La oración es una actividad continua a través del día.

En *Lessons from My Parents*, Stephanie Porter recuerda un tiempo cuando sus hermanos y ella se vestían para salir a la nieve a jugar en el trineo y construir iglúes. Su madre los detuvo. Había perdido su anillo de bodas y lo buscaba con desesperación. Les pidió a los niños que se arrodillaran a orar con ella, lo cual hicieron, y tan pronto como dijeron «Amén», saltaron para seguir vistiéndose. «Mi hermano de cinco años puso el pie dentro de la bota y lo sacó de inmediato», escribió Stephanie. «Viró la bota al revés y salió el anillo de bodas de mamá [...] Por un momento nos olvidamos de la nieve y corrimos emocionados para mostrarle a mamá que la oración había dado resultado»[12].

El recuerdo de esa oración momentánea se quedó con Stephanie, y ha sobrevivido las generaciones. Stephanie escribió: «Ahora que tengo mis propias hijas, les enseño acerca de la fe. Oramos siempre antes de salir para la escuela, antes de comer y a la hora de acostarnos [...] Espero que aprendan de mí a tener fe, como lo aprendí yo de mi madre»[13].

Cuando el héroe bíblico Nehemías se enteró de la condición en ruinas de la seguridad de Israel en el primer capítulo de su libro, se sentó y lloró, se enlutó y oró por varios días, hasta que al final puso por escrito su oración, que la podemos encontrar en Nehemías 1. En el capítulo siguiente, el rey Artajerjes le preguntó qué le pasaba y lo que necesitaba. Nehemías 2:4-5 nos enseña mucho: «El rey me preguntó entonces: "¿Y qué es lo que pides?" Yo oré al Dios de los cielos, y le respondí al rey» (RVC).

Me pregunto si Artajerjes notó la corta pausa antes de la respuesta de Nehemías. Antes de hablarle al rey terrenal que tenía delante, Nehemías envió una súplica en silencio al rey celestial; y se le concedió su petición.

Tengo un amigo que mantiene una lista continua de oración en una hoja de papel doblada con cuidado en su bolsillo. Siempre está ahí, lo que le permite orar cuandoquiera y dondequiera que esté. No puede mantener un diario ni una libreta de notas, pero nunca está sin su lista de oración. Mientras espera para abordar un avión, o se detiene en el semáforo, puede echar una mirada a su lista y comenzar a orar donde se quedó la última vez. De esta forma ora periódicamente desde que rompe el día hasta la hora de dormir.

Aun sin una lista, podemos aprender a musitar oraciones a lo largo del día, y hablar con el Señor con tanta naturalidad como con un compañero que nunca se aparta de nuestro lado. Cuando orar y citar la Escritura se convierte en algo tan natural como decir nuestro nombre o saludar a un amigo, vamos camino a la madurez espiritual y la paz transcendente.

Comencé este capítulo con la historia de un presidente que creía en la oración. Lo termino contando la historia de un general que hizo lo mismo. Charles Krulak, trigésimo primer comandante de la Infantería de Marina de Estados Unidos, fue parte de la Operación Tormenta en el Desierto a principios de la década de 1990. Uno de los mayores desafíos fue la provisión de agua para las tropas. Siempre tuvo cuidado de posicionar a sus hombres en áreas donde hubiera abundancia de pozos. No obstante, en una ocasión, desplazaron miles de tropas a una parte árida del desierto donde las condiciones eran secas por completo y abrir pozos resultaba inútil.

El general Krulak es un cristiano que, por lo general, juntaba a los de su equipo que estuvieran dispuestos a orar todas las mañanas a las siete y cuarto. Ese día, él y su equipo estaban arrodillados orando por la necesidad de agua cuando un coronel los interrumpió diciendo: «General, venga conmigo, es importante».

Cuando Krulak le preguntó de qué se trataba, el coronel le dijo: «Quiero mostrárselo».

El coronel llevó a Krulak por un camino construido por la Infantería de Marina, y allí, saliendo del suelo, había una tubería, como a casi cuarenta metros del camino. Una barra en la tubería formaba una cruz. En la base había un generador de petróleo verde y una bomba roja. También había un tanque con mil galones de petróleo y cuatro baterías nuevas todavía envueltas en plástico. Krulak y el coronel se preguntaron cómo se les había escapado esto. Por ese camino pasaron unas veinte mil tropas, y nadie informó la presencia de ese pozo tan colorido.

Krulak fue y vio el aparato, pero no había llave para arrancar el generador. Miró a su oficial y le dijo: «Dios no puso esto aquí para que nos venciera la falta de una llave». Se inclinó y oprimió el botón, y el generador encendió. La bomba arrancó, y comenzó a sacar agua. Había suficiente agua para proveer unos cuatrocientos mil litros de agua diarios.

Más tarde, el mayor general Krulak contó esta historia en Washington, diciendo: «No hay forma que alguien pasara por ese camino sin ver el equipo de pozo pintado con colores tan vivos. Ese pozo fue el resultado de las oraciones de hombres y mujeres justos orando en Estados Unidos»[14].

El filósofo griego Arquímedes dijo: «Dadme un punto de apoyo y moveré el mundo». Se refería a una de las herramientas más sencillas del mundo, la palanca, donde una viga larga colocada sobre un fulcro puede mover objetos grandes usando la fuerza de apalancamiento. La práctica de la oración es nuestro apalancamiento en la vida, y las oraciones de los justos tienen brazos muy largos. Nuestras oraciones pueden mover el cielo y la tierra, porque las oraciones de los justos son poderosas y eficaces, las oraciones diarias, las oraciones del Día D y las oraciones que hacemos durante el día.

Así que, regocíjate en el Señor; que tu gentileza sea conocida de todos; recuerda que el Señor está cerca; y no te preocupes por nada, más bien, en toda ocasión, presenta tus peticiones a Dios con oración y ruego. El mundo no puede ofrecer un mejor antídoto para la preocupación, porque no existe. Esta es la receta de Dios para una vida mejor.

PREGUNTAS PARA LA DISCUSIÓN

1. Si tuvieras un teléfono celular conectado al cielo, que te dé acceso instantáneo a Dios mismo en el momento que lo enciendas, ¿cómo te sentirías? ¿Con cuánta frecuencia lo usarías? Si pudieras llamar y discutir con Él cualquier problema en tu vida, ¿cuál sería?
2. ¿Cómo reflejan las palabras de Pablo en Filipenses 4:5-6 las enseñanzas del Salmo 37:1-9? ¿O de Mateo 6:5-33? ¿Cómo resumirías estos tres pasajes en una simple declaración?
3. Cuando Pablo dijo: «No se preocupen por nada», ¿hablaba en hipérbole o exageraba el mandamiento? ¿Cuán literalmente debemos practicar este consejo? ¿En qué aspecto de tu vida puedes poner esto en práctica hoy?

CAPÍTULO CINCO

LA PRÁCTICA DE LA GRATITUD

Con acción de gracias.

FILIPENSES 4:6, RVC

John Brockman es un agente literario y escritor científico especializado en juntar las mentes más ilustres del planeta para que contribuyan a su sitio web y su revista virtual. Se le conoce por su acceso a ganadores del Premio Nobel, pensadores brillantes, y científicos y tecnológicos de envergadura mundial. Pocos de estos pensadores, si es que hay alguno, son cristianos, pero todos hacen interesantes contribuciones a la revista de Brockman.

Todos los años, en el aniversario del lanzamiento del sitio web, Brockman y sus editores elaboran una pregunta e invitan a sus ilustres participantes a responderla. Las preguntas varían de año en año, pero siempre son notablemente perspicaces. Hace poco, una pregunta fue muy simple: «¿Qué nos debe preocupar?».

Si eres una persona predispuesta a la ansiedad, puedes pasar por alto el próximo párrafo, pues descubrirás nuevos asuntos que te inquieten. Las mentes más célebres del mundo sienten ansiedad por cosas que nunca antes había considerado yo. Todos los contribuyentes escribieron pequeños ensayos acerca de lo que más les preocupaba, y aquí presento algunos de los títulos:

- La eugenesia china
- El hoyo negro de las finanzas
- La bomba de la despoblación
- El efecto Antropoceno
- La ciencia no nos ha acercado más a la comprensión del cáncer
- El papel de los microorganismos en el cáncer
- La explosión de las drogas ilegales
- El aumento de la inestabilidad genómica
- La pesadilla del escenario para la física fundamental
- La mecánica cuántica
- La fragilidad de los sistemas complejos

Un profesor dijo que estaba preocupado porque «la cooperación global está fracasando y no sabemos por qué»[1]. Otro está preocupado porque estamos «viviendo en un mundo de crisis en cascada»[2]. En su ensayo, John Tooby, un evolucionista y notable profesor, dijo:

> El universo es implacable, catastróficamente peligroso, a tal escala que no solo pone en peligro a las comunidades, sino a las civilizaciones y también a nuestra especie. Una extraña cadena de accidentes improbables produjo la burbuja de condiciones necesarias para el surgimiento de la vida, nuestra especie y la civilización tecnológica. Si continuamos flotando de manera inconsciente dentro de esta burbuja, dando por hecho su continuación, es inevitable que, tarde o temprano, los eventos físicos o humanos nos empujen hacia afuera, y nos apaguen como una vela en un huracán[3].

Otro contribuyente dijo que su mayor preocupación eran «las incógnitas desconocidas» que tenemos por delante, y otro eminente profesor tituló su ensayo con una sola palabra: «Armagedón»[4].

Pocos de nosotros perdemos el sueño por las amenazas cósmicas hasta que nos lo traen a casa de manera inmediata. La mayoría de nuestras preocupaciones son más personales. En cambio, ya sea que nuestras preocupaciones sean intergalácticas o interpersonales, vivimos en un mundo ansioso que no tiene en cuenta los límites del peligro y las dificultades. Nadie sabe lo que traerán la próxima hora ni el próximo día. Sin embargo, la Biblia nos lleva a vivir más allá de los límites y las preocupaciones. Se nos dice con mucho énfasis: «No se preocupen por nada». Debemos tomar cada palabra de Filipenses 4:6 como consejo santo para obedecerlo de manera total e inmediata. «No se preocupen por nada. Que sus peticiones sean conocidas delante de Dios en toda oración y ruego, con acción de gracias» (RVC).

Quizá notaras que en el capítulo anterior tuve poco que decir acerca de dos palabras críticas en el versículo: «con acción de gracias». Eso es porque se merecen su propio capítulo. Representan el quinto paso para vencer la preocupación: La práctica de la gratitud o la acción de gracias. En un mundo donde nos frustramos por todo desde la fragilidad de los sistemas complejos hasta la complejidad de los sistemas de entretenimiento, necesitamos cultivar corazones agradecidos y mentes llenas de gratitud.

Prueba este experimento. Lee Filipenses 4:6 (RVC) en voz alta, y deja fuera la frase «con acción de gracias». Di el versículo así:

No se preocupen por nada.
Que sus peticiones sean conocidas delante de Dios
en toda oración y ruego.

Ahora trátalo a la manera de Dios y enfatiza la frase «con acción de gracias».

No se preocupen por nada.
Que sus peticiones sean conocidas delante de Dios
en toda oración y ruego, *con acción de gracias*.

De cualquier modo, el versículo resulta razonable, pero la adición «con acción de gracias», añade una dimensión que derrite la preocupación como se derrite el hielo del invierno en un día soleado. No importa la crisis ni la preocupación, siempre hay algo por lo cual estar agradecidos, y encontrarlo es crucial para preocuparnos menos y vivir más.

En cualquier situación, ya sea trivial u horrible, siempre hay cosas que podemos observar, descubrir y reconocer con acción de gracias. Si no las encontramos, nos enfocamos en ellas y le damos gracias a Dios, no podemos vencer la ansiedad. La gratitud es para la preocupación lo que los antibióticos son para una infección. La antigua práctica de «contar los favores del Señor» es un trato moderno y eficaz para lo que aflige la mente. Dar gracias es esencial para la salud mental.

En su libro, *It's My Turn*, la esposa de Billy Graham, Ruth, cuenta que una mañana temprano se levantó, a eso de las tres de la mañana, en otro país. Estaba agotada, pero el nombre de alguien a quien amaba le vino a la mente como una descarga eléctrica. Escribió:

> Así que me quedé acostada y oré por quien estaba tratando de huir de Dios. Cuando está oscuro y la imaginación se desenfrena, hay miedos que solo puede entender una madre.
>
> De pronto, el Señor me dijo: *Deja de estudiar el problema y comienza a estudiar las promesas*. Ahora bien, Dios nunca me ha hablado de forma audible, pero cuando lo hace, no queda lugar a dudas. Así que, encendí la luz, saqué mi Biblia y el primer versículo que vino a mí fue Filipenses 4:6 [RVC]. «No se preocupen por nada. Que sus peticiones sean conocidas delante de Dios en toda oración y ruego, con acción de gracias»[5].

Ruth leyó y meditó en el versículo como si lo leyera por primera vez. «De repente», escribió:

> Me di cuenta que el ingrediente que faltaba en mis oraciones era «con acción de gracias». Puse a un lado la Biblia y pasé un rato adorando a Dios por quién es y lo que es. Esto abarca más territorio que cualquier mortal pueda comprender. Incluso, contemplar lo poco que sabemos disuelve las dudas, fortalece la fe y restaura el gozo. Comencé a darle gracias a Dios por haberme dado a este que amaba tan profundamente. Hasta le di gracias por los momentos difíciles que tanto me habían enseñado.

¿Sabes qué sucedió? Fue como si de pronto alguien encendiera la luz en mi mente y corazón, y los pequeños temores y las preocupaciones que, como ratones y cucarachas estuvieron mordisqueando en la oscuridad, salieran corriendo de buenas a primeras[6].

LA TEOLOGÍA DE LA GRATITUD

Creo que eso fue lo que el apóstol Pablo aprendió también. Como ya hemos especulado, parece que Pablo, por naturaleza, fue un hombre nervioso y tenso. Aun así, había aprendido a tejer el concepto de «la acción de gracias» en la tela de su pensamiento, y la gratitud aparece de forma constante en sus escritos. Hablaba de ella en términos teológicos, como si fuera una doctrina tan importante como otra cualquiera. Bien podemos llamar a Pablo el apóstol de la gratitud.

Esto lo vemos con claridad en la carta que le sigue a Filipenses. En nuestra Biblia, tenemos la carta a los Filipenses, con sus cuatro capítulos, y al voltear la página, viene la epístola a los Colosenses. Es como si el Espíritu Santo quisiera tomar estas palabras en Filipenses 4:6 («acción de gracias») y exponerlas a lo largo de los cuatro capítulos de Colosenses, donde encontramos la teología de la gratitud de Pablo en cada página.

«Siempre [...] damos gracias a Dios», escribió Pablo en Colosenses 1:3. Luego, en el versículo 10, les manda a los colosenses: «Vivan de manera digna del Señor, agradándole en todo». He aquí cómo lo hacemos:

> Esto implica dar fruto en toda buena obra, crecer en el conocimiento de Dios y ser fortalecidos en todo sentido con su glorioso poder. Así perseverarán con paciencia en toda situación, *dando gracias con alegría* al Padre. Él los ha facultado para participar de la herencia de los santos en el reino de la luz. (vv. 10-12)

Colosenses 2 continúa con el mismo tema: «Por eso, de la manera que recibieron a Cristo Jesús como Señor, vivan ahora en él, arraigados y edificados en él, confirmados en la fe como se les enseñó, y *llenos de gratitud*» (vv. 6-7).

Imagínate que fueras un río. Si la gratitud se midiera como el agua, ¿serías un barranco seco, un hilo de agua, estarías lleno hasta el borde o rebosante a punto de inundación? La forma en que tú y yo respondemos a esta pregunta dice algo acerca de nuestra salud mental y nuestra capacidad para lidiar con nuestras ansiedades.

El siguiente capítulo de Colosenses extiende la conexión entre la gratitud y la paz mental: «Que gobierne en sus corazones la paz de Cristo [...] y sean agradecidos [...] y todo lo que hagan, de palabra o de obra, háganlo en el nombre del Señor Jesús, *dando gracias* a Dios el Padre por medio de él» (Colosenses 3:15-17).

Luego, venimos a Colosenses 4, donde ordena: «Dedíquense a la oración: perseveren en ella con *agradecimiento*» (v. 2).

Por supuesto que el tema no solo lo encontramos en Filipenses y Colosenses. Corre como un riachuelo desde las primeras páginas de la Escritura hasta las últimas, y está entrelazado en toda la Biblia a tal plenitud como cualquier otra doctrina. El Dr. Al Mohler escribió: «La gratitud es un acto profundamente teológico, si se entiende como es debido. Es más, la gratitud es la teología en microcosmos: una clave para entender lo que de veras creemos acerca de Dios, de nosotros y del mundo que experimentamos»[7].

LA PSICOLOGÍA DE LA GRATITUD

El gran maestro bíblico Harry Ironside dijo: «Nos preocuparíamos menos si alabáramos más. La gratitud es el enemigo del descontento y la insatisfacción»[8]. De la forma más simple, significa que puedes, al instante, reducir el nivel de ansiedad si encuentras algo en ese momento por lo que dar gracias a Dios. Para mí, funciona así: Cuando algo provoca un episodio de ansiedad, tengo que tranquilizarme y decir: «Tan malo como parezca, no es tan malo como pudiera ser. Es más, puedo dar gracias a Dios por estas otras cosas en medio de este problema». Entonces, uso el poder de mi cerebro para compilar una lista de bendiciones.

Es como el balancín donde jugábamos de niños. Cuando el peso de un lado hace contrapeso en el otro lado, la gravedad hace su trabajo. El peso de las bendiciones a veces es suficiente para hacer que nuestras preocupaciones se dispersen en el aire como un bravucón a quien agarran desprevenido.

Este es el cristianismo clásico, pero algo interesante ha sucedido últimamente en el mundo secular. Ha surgido toda una ciencia de gratitud, y legiones de expertos han descubierto el poder psicológico de la gratitud. La mayoría de estos estudiosos modernos no abordan el tema de la gratitud desde un punto de vista cristiano necesariamente, pero de igual manera están descubriendo cómo una actitud bíblica (la gratitud) tiene un efecto profundo en el espíritu humano.

Uno de los principales investigadores en este campo es el Dr. Robert A. Emmons de la Universidad de California, en Davis. En su libro *¡Gracias! De cómo la gratitud puede hacerte feliz*, explica cómo cada uno de nosotros nace con ciertos elementos preestablecidos para nuestra personalidad. Así como cada uno de nosotros tiene un cuerpo único e individual, cada uno de nosotros tiene una personalidad única e individual. Algunos son más introvertidos; otros más extravertidos. Algunos están más inclinados a ser felices; otros son propensos a la melancolía. Algunos son de voluntad fuerte; otros son condescendientes. Algunos son ruidosos; otros son callados. Según el Dr. Emmons: «El dogma psicológico actual declara que la capacidad de uno para el gozo se establece de manera biológica»[9].

Escribió: «Cada persona parece tener un punto de referencia para la felicidad [...] Cada individuo tiene un nivel de felicidad característico o crónico. Según esta idea, las personas tienen puntos de referencia para la felicidad a los cuales regresan de forma inevitable después de los eventos perturbadores de la vida»[10].

Sin embargo, el Dr. Emmons ha hecho investigaciones innovadoras para demostrar que hay una cualidad que, si se desarrolla y se practica, puede cambiar ese punto de referencia para la felicidad. Podemos cambiar los indicadores de nuestra personalidad en una dirección ascendente y más feliz, si nos esforzamos de manera deliberada y obstinada a fin de mejorar nuestros hábitos de gratitud y acción de gracias.

Emmons escribió:

> Descubrimos pruebas científicas de que cuando las personas se dedican con regularidad a cultivar de manera sistemática la gratitud, experimentan una variedad de beneficios cuantificables: psicológicos, físicos e interpersonales. La evidencia de la gratitud contradice la opinión generalizada de que todas las personas tienen un «punto fijo» de felicidad que no puede restablecerse por ningún medio conocido: en algunos casos, las personas han informado que la gratitud llevó a cambios transformadores en su vida[11].

Concluye: «Nuestra innovadora investigación ha mostrado que las personas agradecidas experimentan niveles más altos de emociones positivas como el gozo, el entusiasmo, el amor, la felicidad y el optimismo, y que la práctica de la gratitud como disciplina protege a una persona de los impulsos destructivos de la envidia, el resentimiento, la avaricia y la amargura»[12].

Otro libro acerca del tema es *The Gratitude Diaries*, por Janice Kaplan que, como editora en jefe de la revista *Parade*, hizo una encuesta financiada por la fundación sin fines de lucro John Templeton, sobre la gratitud y su impacto. Su investigación se convirtió en algo personal, y que influyó debido a algo que leyó en el *Journal of Social and Clinical Psychology*: «La gratitud puede ser la conexión más fuerte con la felicidad y la salud mental de cualquiera de los rasgos de personalidad estudiados»[13].

Kaplan decidió ser su propia científica social. «Quería ver lo que pasaba al desarrollar una actitud de gratitud», dijo. En vez de hacerlo de manera informal, decidió comprometerse de lleno para compilar tanta información como pudiera, e informar y documentar los resultados. Buscó el consejo de expertos y psicólogos, y consultó libros escritos por filósofos, psicólogos y teólogos[14].

Tomó uno de los hábitos que sugirió el Dr. Emmons, y comenzó un diario de gratitud. «Uno de los descubrimientos más constantes en la investigación fue el valor de mantener un diario de gratitud», dijo. «Los investigadores han descubierto que la gente que escribe todas las noches tres cosas por las que están agradecidas (o incluso algunas veces a la semana) mejoran su bienestar y reducen su riesgo de depresión. Los resultados se repiten una y otra vez. Mantener un diario de gratitud puede mejorar de forma extraordinaria tu capacidad de poder dormir bien de noche»[15].

Kaplan condujo su propio experimento de un año de duración, y el subtítulo de su libro resume sus descubrimientos: *The Gratitude Diaries: How a Year of Looking on the Bright Side can Transform Your Life* [El diario de la gratitud: Cómo un año viendo el lado bueno de las cosas puede transformar tu vida].

LA METODOLOGÍA DE LA GRATITUD

Me siento tentado a sentir un poco de placer malvado cuando los investigadores modernos gastan enormes sumas de dinero para «descubrir» algo que la Biblia declaró hace tiempo. No obstante, en lo que respecta al estudio de la gratitud, los investigadores seculares se encontraron con un obstáculo infranqueable cuando tratan de contestar la pregunta: «¿A quién le estamos agradecidos?». Pueden descubrir los beneficios de ser agradecidos, ¿pero cómo podemos ser agradecidos a un universo puramente impersonal y naturalista?

Siempre podemos ser agradecidos a ciertas personas que nos aman o nos ofrecen su amistad. Entonces, ¿qué me dices de todas las bendiciones que no podemos acreditarles a amigos, seres queridos ni autoridades? ¿Qué tal de las maravillas del cielo, el mar y la tierra? ¿Qué te parece de la vida misma, del privilegio de vivir en una canica azul que gira en medio de un vasto universo de insondable complejidad?

La habilidad de decir: «Gracias, Señor», está entre los privilegios más maravillosos de los seguidores de Jesucristo. Podemos entrar por sus puertas con acción de gracias y a sus atrios con alabanza. No damos gracias a Dios y le alabamos solo para ganar los beneficios psicológicos que provee. Le damos gracias y le alabamos porque es el Dios de quien fluyen todas las bendiciones. Aun así, esta gratitud tiene un efecto bumerán y trae beneficios como el mundo nunca podrá saber.

Beneficios emocionales. Beneficios psicológicos. Beneficios espirituales, los cuales nuestro pasaje en Filipenses 4 tilda de trascendentes: «Con oración y ruego, presenten sus peticiones a Dios y denle gracias. Y la paz de Dios, que sobrepasa [que trasciende] todo entendimiento, cuidará sus corazones y sus pensamientos en Cristo Jesús».

Y considera esto: Los seguidores de Jesús son los únicos que pueden dar gracias de veras a Dios en Cristo por todas sus bendiciones. ¡Qué tragedia si no lo hacemos! El ministro luterano Martin Rinkart escribió un himno de gratitud para levantar el ánimo de su pueblo de Ellenburg, Saxony, durante los estragos de la Guerra de los Treinta Años. Rinkart fue el único pastor que sobrevivió la masacre, y a veces oficiaba hasta cincuenta funerales al día. Sin embargo, pudo mantener sana su mente y la del pueblo encontrando algo por qué dar gracias, aun en medio de la matanza, y convirtió esa actitud en uno de nuestros más queridos himnos:

> *De boca y corazón load al Dios del cielo,*
> *Pues dionos bendición, salud, paz y consuelo.*
> *Tan solo a su bondad debemos nuestro ser;*
> *Su santa voluntad nos guía por doquier*[16].

¿Cómo podemos cultivar un espíritu de gratitud así?

Mi amiga Linda Derby se vio una vez ante una crisis de salud en la familia. A su nuera, Becky Derby, madre de dos niños pequeños, la diagnosticaron con cáncer, y era un caso devastador. El día que recibieron la mala noticia, Linda dijo que parecía como si una nube negra de insectos venenosos revoloteara a su alrededor, y el miedo se convirtió en pánico.

Luego, escribió:

> Mientras buscaba a Dios y comenzaba a orar, Él me trajo a la mente las palabras del apóstol Pablo a los filipenses: «No se preocupen por nada; en cambio, oren por todo. Díganle a Dios lo que necesitan y denle gracias por todo lo que él ha hecho. Así experimentarán la paz de Dios, que supera todo lo que podemos entender» (Filipenses 4:6-7, NTV).

Después de esta epifanía, decidí tomar muy en serio esto de hablar con Dios. Comencé a decirle todo lo que nuestra familia experimentaba, las preocupaciones, la ansiedad, el temor, la depresión, la ira y la inseguridad. Le dije a Dios lo que queríamos, tales como la paz y seguridad de que Becky iba a estar bien. Entonces, traté de pensar en todas las cosas que ha hecho Dios por las que estaba agradecida, al igual que lo mandó Pablo. Para mi sorpresa, muchas cosas buenas sucedieron recientemente[17].

Pasó a enumerar cinco bendiciones distintas, y se sorprendió de cómo las había pasado por alto. Al final de la noche, dijo, la nube de insectos se había disipado por el Espíritu de Dios, y pudo ir a la cama con paz en el corazón y disfrutar una noche de descanso[18].

Si Linda hubiera omitido esa última parte de la gratitud, unos cuantos de esos insectos se hubieran quedado zumbando en su mente toda la noche. «Con acción de gracias» es una parte importantísima del versículo, y un hábito invaluable para disipar la nube de preocupación de la mente.

He aquí algunos hábitos que he aprendido de otros y los he tratado por mi cuenta en mi esfuerzo por desarrollar una actitud de gratitud acelerada.

1. **Mantén una lista de gratitud.** He venido haciendo esto por muchos años, desde que leí acerca de la compositora de himnos inglesa Frances Ridley Havergal, que junto a su lista de oración siempre llevaba consigo una lista de acción de gracias. Todas las mañanas comienzo mi tiempo de oración reconociendo algo por qué darle gracias a Dios.

2. **En la noche, antes de quedarte dormido, dale gracias a Dios por tres cosas que sucedieron ese día.** No recuerdo dónde aprendí esa pequeña técnica, pero la he practicado con regularidad. Así comienzo el día con un motivo de agradecimiento, y lo termino con tres. Tranquiliza mi mente antes de quedarse dormida.

3. **Mantén un diario de acción de gracias.** Este es el recurso principal que usan los psicólogos, como el Dr. Emmons. Sugieren

tener una libretita donde escribir una, dos o tres cosas cada día por las que estés agradecido.

4. **Da gracias en las comidas.** Tenemos tres oportunidades al día para expresar nuestro agradecimiento al Señor. Puedes ser específico. «Señor, gracias por este pan y estos frijoles». Recuerda que todo don perfecto desciende de lo alto, donde está el Padre que creó las lumbreras celestes, y que no cambia como los astros ni se mueve como las sombras (Santiago 1:17).

5. **Cada vez que te enfrentes a un desánimo o un desastre, trata de encontrar y enumerar cosas en específico por las que dar gracias, aun en medio del problema.** Escríbelas en tu diario, calendario, en una nota o en un mensaje de texto que te mandes a ti mismo; lo que te resulte, con tal de que pongas tu mente en ellas. La Biblia dice: «Den gracias a Dios en toda situación, porque esta es su voluntad para ustedes en Cristo Jesús» (1 Tesalonicenses 5:18).

6. **Exprésales tu gratitud a otros.** Deja que otros en tu centro de trabajo sepan que estás agradecido por su trabajo. Las investigaciones han mostrado que las oficinas son uno de los lugares menos comunes para oír o expresar gratitud, y cuando expresamos nuestro aprecio a nuestros compañeros, esto aumenta la eficacia de la organización[19]. Por supuesto, lo mismo sucede en el hogar, la iglesia, la escuela u otra unidad social.

7. **Lee libros acerca de la gratitud.** Ya mencioné unos cuantos, y cada vez que estudio un tema, o leo o escucho acerca del mismo, se expande en mi mente.

8. **Canta himnos y cánticos de gratitud como «De boca y corazón».** Efesios 5 nos dice que seamos llenos del Espíritu, que nos animemos unos a otros con salmos, himnos y canciones espirituales, y que cantemos y alabemos al Señor con el corazón, dando siempre gracias a Dios el Padre por todo, en el nombre de nuestro Señor Jesucristo (5:18-21). Si estás en un lugar difícil ahora, encuentra un cántico y entónalo en voz alta. Quizá te parezca un poco raro, pero sigue haciéndolo. Búscalo en la computadora y canta al mismo tiempo. Comenzará a levantar tu espíritu.

9. **Memoriza pasajes de gratitud.** El Salmo 100 es un buen comienzo. Ese es el que dice: «Entren por sus puertas con acción de gracias; vengan a sus atrios con himnos de alabanza; denle gracias, alaben su nombre. Porque el SEÑOR es bueno y su gran amor es eterno; su fidelidad permanece para siempre».
10. **Acuérdate de Filipenses 4:6, y escríbelo donde lo puedas ver.** Subraya, escribe con mayúsculas, coloréalas, ponlas en negritas o resalta las palabras «CON ACCIÓN DE GRACIAS». Haz que esta sea una regla inquebrantable en tu vida.

El Dr. J. Sidlow Baxter recuerda un tiempo cuando, a los ochenta y ocho años de edad, le pidieron que le hablara a una iglesia grande de Memphis. Le dijo al grupo que había estado batallando con algunos asuntos difíciles relacionados con su edad, salud y nervios. Habló de haber estado predicando por Escocia cuando cayó en un período de profundo desánimo. «Todo me parecía triste, frustrante y aprensivo»[20]. Estaba también abrumado por todo el trabajo y algunas decepciones recientes.

Una noche dijo:

Fui a la cama frustrado y luchando en mi mente. Entonces, en algún momento entre la noche y la mañana, del 6 al 7 de septiembre, algo pasó que lo cambió todo. No escuché una voz audible, pero alguien me despertó entre las cortinas de la noche; y hablaba dentro de mí. En un idioma que reconocí al instante, me dijo: «¡Sid! ¡Sid! ¿Te has olvidado de Filipenses 4: versículos 6 y 7?». Esos versículos seis y siete coincidían a la perfección con el 6 y 7 de septiembre. «Se te ha olvidado dar gracias. Dámelo todo, Sid. Y comienza a orar otra vez con acción de gracias»[21].

Baxter dijo:

No puedo explicarlo con mucha coherencia, pero eso fue lo que hice. En la cama, allí mismo, en medio de las tinieblas de la noche le entregué todo a Él. Y comencé a orar una vez más, esta vez con acción de gracias. De alguna manera lo hice con facilidad y entonces, de repente, los versículos 6 y 7 de Filipenses se encendieron como una bombilla eléctrica. Y lo vi todo con una diferencia y claridad iluminadoras. Mi tensión mental y tristeza desaparecieron[22].

A la mañana siguiente, Baxter descubrió que todo su sistema nervioso estaba relajado. «Y», dijo, «cuando oré dando gracias, nunca lo olvidaré, la paz de Dios invadió mi corazón como una suave brisa»[23].

Tú y yo necesitamos la misma experiencia, y está disponible del Dios de toda paz que nos ha dado esos pasos terapéuticos en Filipenses 4:4-7 (RVC, NVI):

> Regocíjense en el Señor siempre.
> Que la gentileza de ustedes sea conocida de todos los hombres.
> El Señor está cerca.
> No se preocupen por nada.
> En toda ocasión, con oración y ruego, presenten sus peticiones a Dios.
> Con acción de gracias.
> Y que la paz de Dios, que sobrepasa todo entendimiento, guarde sus corazones y sus pensamientos en Cristo Jesús.

PREGUNTAS PARA LA DISCUSIÓN

1. Cuando leemos «con acción de gracias» en Filipenses 4 y volteamos la página de nuestras Biblias, encontramos una lista de lo que implica vivir una vida digna de Dios y agradarle en todo. Lee Colosenses 1:10-12. ¿Cuáles son estas tres implicaciones y qué papel tiene la gratitud en vivir una vida digna de Dios y que le agrade?
2. Considera una crisis que afrontaras en el pasado. ¿Hubo algunos elementos por los que, aunque pequeños, hubieras podido expresar tu gratitud? ¿Podían verse algunos rayos de

luz entre las nubes? ¿Cuáles eran? ¿Cómo hubiera cambiado tu actitud si hubieras incluido el concepto de «dar gracias» en la experiencia?

3. Este capítulo sugiere diez estrategias viables para cultivar un mejor hábito de gratitud. ¿Qué hábitos parecen los más viables para ti? ¿Cómo puedes comenzarlo hoy?

CAPÍTULO SEIS

LA PRÁCTICA DEL PENSAMIENTO

> Consideren bien todo lo verdadero [...] respetable [...] justo [...] puro [...] amable [...] admirable [...] digno de admiración [...] excelente [...] merezca elogio.
>
> FILIPENSES 4:8

Estaba en un vuelo hacia Toronto sentado junto a una mujer que tenía las narices en un libro. Yo estaba en el asiento de la ventanilla con mi Biblia y una libreta de notas, y pasé el vuelo estudiando. No conversamos hasta que estuvimos a punto de aterrizar. En ese momento, me miró e hizo un comentario acerca de mi estudio de la Biblia. Le dije que me agradaba mucho estudiar la Biblia. Ella me dijo que era directora nacional de recursos humanos en una gran empresa automovilística, y que había leído la Biblia en sus años de joven. En una ocasión, me dijo, le pidieron que hiciera un relato. Tenía varias cosas de donde escoger, pero decidió leer un pasaje de la Biblia, y en ese momento significó mucho para ella.

—Ah —le dije—, ¿cuál fue el pasaje?

—Fue de, deje ver... ¿Falopios?

—¿Quiere decir Filipenses?

—Sí —dijo—, Filipenses. Quizá fuera... ¿tiene un capítulo 4?

—¿Era este el pasaje? —le pregunté.

Entonces le cité Filipenses 4:4-9, palabra por palabra. Para mi sorpresa, se puso nerviosa y sentimental. Comenzó a llorar y a echarse fresco con las manos diciendo:

—No sé qué me pasa, por lo regular no soy así.

Entonces, tomó su bolso que era del tamaño de un pequeño San Bernardo, y comenzó a buscar un pañuelo, que no encontraba. Las lágrimas corrían por sus mejillas y las secaba con la palma de la mano. Le ofrecí el mío.

—He estado tan ocupada y estresada —explicó, secándose los ojos—, que he sido brusca con la gente en los últimos tiempos, y he sido difícil y exigente, y he estado muy preocupada. Y aquí está usted, citando algo que aprendí hace mucho tiempo y que había olvidado. Parece que tenía que recordar esas palabras de nuevo.

En el momento en que se compuso, nos sacaron del avión como ganado, todos retrasados para los vuelos de conexión. Ni siquiera supe el nombre de la mujer. Sin embargo, ¡qué bendición poderle leer Filipenses 4, y ver el efecto que estas sencillas palabras tuvieron en sus pensamientos y emociones. Necesitaba con urgencia volver a enfocar su mente en las verdades que aprendió mucho tiempo atrás, pero que desaparecieron de su memoria como una niebla que se disipa.

Cuando la preocupación, la angustia o el desaliento toman control de nuestra mente, solo podemos hacer una cosa. Tenemos que recordar. Tenemos que traer a la memoria las verdades que necesitamos. Tenemos que controlar nuestros pensamientos, dejar de escucharnos a nosotros mismos y empezar a hablarnos a nosotros mismos. Predicarnos, sermonearnos, exhortarnos. En resumen, tenemos que ir al próximo versículo de la receta de Pablo para una mejor vida: la práctica del pensamiento. Filipenses 4:8 dice:

> Por último, hermanos, consideren bien todo lo verdadero, todo lo respetable, todo lo justo, todo lo puro, todo lo amable, todo lo digno de admiración, en fin, todo lo que sea excelente o merezca elogio.

De las cuarenta palabras de este versículo, solo una es un verbo: *consideren*.

Volvamos a la hipótesis original de este libro. En términos de personalidad, creo que el apóstol Pablo era, hasta cierto punto, un paquete de energía nerviosa, involucrado en su trabajo y sujeto a la preocupación apasionada. Su ansiedad en Troas afectó su ministerio en esa ciudad, aunque Dios le había abierto grandes puertas allí. A pesar de eso, Pablo era un estudiante devoto de las Escrituras hebreas, y es evidente que buscó entre los libros y rollos del Antiguo Testamento para adquirir mayor paz de Dios. Quizá en medio del estudio se tropezara con estas palabras:

> Ante todo, cuida tus pensamientos porque ellos controlan tu vida. (Proverbios 4:23, PDT)

> Tú guardas en completa paz
> a quien siempre piensa en ti
> y pone en ti su confianza. (Isaías 26:3, RVC)

> Examíname, oh Dios, y sondea mi corazón;
> ponme a prueba y sondea mis pensamientos.
> Fíjate si voy por mal camino,
> y guíame por el camino eterno. (Salmo 139:23-24)

Si tenemos pensamientos ansiosos, seremos personas ansiosas, porque lo que *pensamos* es lo más importante acerca de nosotros. *Somos* lo que *pensamos*, y nuestras vidas, actitudes, sentimientos, reacciones, resultados, fracasos, éxitos y personalidades se forman con los hilos del pensamiento que atan las células del cerebro como cables empacados. Esto es tan evidente que ha estado en el centro de la filosofía y la religión desde el comienzo de la civilización humana.

Hasta los no cristianos saben esto. Los hindúes pensaban: «El hombre se convierte en lo que piensa». Buda dijo: «La mente es todo: te conviertes en lo que piensas». Marco Aurelio dijo: «Tu vida es lo que dictan tus pensamientos». Descartes escribió: «Pienso, luego existo». William Channing, predicador unitario del siglo XIX, escribió: «Todo lo que el hombre hace en su exterior no es sino la expresión y resultado de su pensamiento interior»[1].

Ralph Waldo Emerson lo resumió bien diciendo: «El hombre es lo que piensa durante todo el día»[2].

William James puso el fundamento para el movimiento motivacional y la literatura moderna del pensamiento positivo con estas simples palabras: «El mayor descubrimiento de mi generación es que los seres humanos pueden cambiar el curso de sus vidas si cambian las actitudes de su mente»[3].

El filósofo inglés James Allen escribió:

> El hombre es literalmente lo que piensa, su carácter es la suma de todos sus pensamientos [...] Los buenos pensamientos traen buenos frutos, los malos pensamientos, malos frutos [...] Dejen que el hombre cambie de manera radical sus pensamientos, y se sorprenderán por la rápida transformación que resulta y cómo afecta las condiciones materiales de su vida. Los hombres piensan que pueden mantener sus pensamientos en secreto, pero no pueden; estos se cristalizan con rapidez y se convierten en hábitos, y el hábito se solidifica en circunstancias[4].

Luego añade: «Así como el hombre débil físicamente se puede hacer fuerte entrenándose con cuidado y paciencia, el hombre débil de pensamiento puede fortalecerse ejercitando el buen pensar»[5].

Ese es el punto de Pablo en Filipenses 4:8. Muchos de los hombres que cité no estaban comprometidos con la verdad bíblica, pero por pura deducción descubrieron una verdad bíblica tan evidente que no se puede ignorar. Proverbios 23:7 lo pone de esta manera: «Porque cual es su pensamiento en su corazón, tal es él» (RV-60). Ese es un hecho bíblico ineludible, y Filipenses 4:8 es una de las mayores declaraciones bíblicas acerca del poder de nuestros pensamientos para moldear nuestras personalidades y movernos al ámbito de la paz de Dios.

Para vivir más y preocuparnos menos, debemos pensar, y pensar como es debido, sobre las cosas adecuadas, en el momento apropiado, en las longitudes de onda precisas, con nuestra antena sintonizada a la frecuencia de la verdad de Dios. No podemos vencer la ansiedad a menos que sustituyamos los pensamientos de *preocupación* con pensamientos *dignos*, pensamientos que vengan directamente de la mente del Dios de paz. Eso requiere pensar en cosas que son verdaderas, respetables, justas y merecen elogio.

Pensar es una actividad que atraviesa tiempos difíciles. Estamos demasiado ocupados para pensar, y nuestras mentes están congestionadas de ruido. Es difícil meditar cuando el teléfono clama por nuestra atención, cuando los textos y los mensajes llegan como misiles, y los audífonos retumban como la torre de Babel.

Ya no entramos al pueblo a caballo. No hacemos nuestro trabajo en los campos tranquilos sin que nada nos perturbe más allá del murmurar del viento o el ladrido distante de un perro. Ya no leemos a la tenue luz ni al resplandor de la chimenea. Todo eso se perdió hace tiempo con la revolución industrial; ahora, la revolución de la información y la tecnología traen de forma inmediata y directa a nuestros oídos la cacofonía del mundo a través de mil millones de altavoces y audífonos. Nos apresuramos a través del tránsito como el salmón que nada contra la corriente para el desove. El ruido nos bombardea y nos asedian los estímulos. El sonido envolvente es un estilo de vida, y nos perdemos, sin un verdadero esfuerzo espiritual, el espíritu de Isaías 30:15: «En la serenidad y la confianza está su fuerza», o del Salmo 46:10: «Quédense quietos, reconozcan que yo soy Dios».

Cuando aprendemos a dedicarle tiempo a pensar, y cuando aprendemos a pensar como es debido, los beneficios vienen sobre nosotros como una metamorfosis. Esto le sucedió a E. Stanley Jones. Aunque fue a la India como misionero con una pasión visionaria, su energía se evaporó entre el calor insoportable, la hostilidad y la ansiedad. Cayó enfermo y hasta el descanso prolongado no lo podía restaurar. Tenía los nervios arruinados. Al igual que el apóstol Pablo en Troas.

Una noche, mientras oraba en la ciudad de Lucknow, Stanley Jones *sintió* de pronto que el Señor le hablaba. Aunque no con voz audible, tal parecía que era la voz del Señor. Jones sintió estas palabras: *¿Estás preparado para hacer la obra para la que te llamé?*

«No, Señor, estoy exhausto», contestó Jones. «He llegado al final de mis recursos».

El Señor pareció responder: *Si me lo entregas, y no te preocupas, yo me encargaré.*

«Señor», dijo Jones, «aquí termino de luchar». En ese momento, una gran paz se asentó en su corazón e invadió todo su ser:

> ¡Supe que estaba hecho! La vida, la vida abundante, había tomado posesión de mí. Estaba tan elevado que mis pies casi ni tocaban el camino por donde, en silencio, regresé a casa esa noche. Cada centímetro era tierra santa. Por días casi no supe que tenía un cuerpo. Los días pasaron, y trabajaba hasta tarde en la noche, preguntándome por qué tenía siquiera que dormir si no estaba cansado en lo más mínimo. Parecía estar poseído por la vida, la paz y el descanso, por Cristo mismo[6].

Jones trabajó por décadas, sirviendo más de cuarenta años en la India, predicando alrededor del mundo, a veces tres veces al día, escribiendo una docena de libros, y se convirtió en uno de los misioneros más famosos de su generación. Desde la noche de su encuentro con el Señor en Lucknow y hasta su muerte en enero de 1973, E. Stanley Jones vivió en el resplandor de la suficiencia de Cristo mismo, y nunca olvidó la promesa del Señor: «Si me lo entregas, y no te preocupas, yo me encargaré»[7].

Si escuchas en el silencio y la quietud de su presencia, el Señor te susurra las mismas palabras. Y te dice que pienses en esas cosas.

CONSIDEREN BIEN

Filipenses 4:8 es la corrección bíblica para la distracción, y la primera frase dice: «*Por último*, hermanos, consideren bien todo lo verdadero». Cuando la Biblia usa la frase *por último*, no necesariamente quiere decir que llegamos al final de la discusión. Quiere decir que la discusión alcanzó un punto climático. Todo lo que se dijo hasta entonces nos dirige a los peldaños restantes de la lógica que llenará el tema de un entendimiento formado por completo. A veces, el término se traduce «por lo demás». En otras palabras, el escritor estaba diciendo: «Ahora que aprendimos las prácticas de regocijarse, de la gentileza, la cercanía, la oración y la gratitud, vayamos al siguiente nivel. Pongamos la próxima capa. Continuemos y meditemos en las cosas que son verdaderas, respetables, justas, puras, amables, admirables, excelentes y que merecen elogio».

Queremos desarrollar una mente que migra, en su estado más natural y relajado, a pensamientos que son:

- Verdaderos

La verdad es un atributo de Dios. Todo en Él es cierto de manera absoluta y total, pues Él es la verdad. Su verdad se refleja en todo lo que ha hecho por todo el universo. Toda la creación es evidencia de hechos científicos mensurables, leyes coherentes y principios inmutables. Todo lo que Dios dice es cierto, y toda palabra en la Biblia es verdadera y fiable de forma absoluta y objetiva. Estas, entonces, son las cosas en que debemos pensar. Representan dónde deben centrarse nuestros pensamientos.

- Respetable

Esta es una palabra real que indica la respetabilidad de un rey. A veces, también se traduce «honorable», dando la idea de honor y dignidad, buen carácter, digno de respeto. Debemos entrenar nuestra mente para morar y meditar en todo lo que sea respetable.

- Justo

La idea detrás de esto no es solo «preciso». Transmite la idea de ser íntegros en lo moral, bien en todo, rectos. Piénsalo de esta manera: nuestras mentes estarán *derechas* o *deshechas*, pero es difícil que se mantengan por mucho tiempo en ambas condiciones.

- Puro

En una era donde la pornografía y la inmoralidad son epidemia, Dios quiere que nuestra mente piense en cosas que son puras. En los días de Noé, el Señor vio «que la maldad del ser humano en la tierra era muy grande, y que todos sus pensamientos tendían siempre hacia el mal» (Génesis 6:5). Solo el poder de la palabra verdadera, respetable, justa y pura de Dios puede darle marcha atrás a este proceso en nuestra mente. Un hábito normal

de meditar en su Palabra día y noche es el filtro divino del corazón, a fin de mantener puros nuestros pensamientos.
- Amable

Las primeras tres letras de esta palabra son «ama». Se refiere a las cosas que amamos hacer, pensar, ver o experimentar, cosas hermosas, elocuentes, elegantes, cautivadoras, y que atraen a nuestros impulsos más elevados.
- Admirable

Si no puedes admirarlo, no lo desees.
- Excelente

Esas son las verdades más significativas de Dios. El apóstol Pablo usó esta palabra en Tito 3:8 cuando le dijo que enseñara la sana doctrina de la Escritura. Le dijo: «Quiero que lo recalques, para que los que han creído en Dios se empeñen en hacer buenas obras. Esto es excelente y provechoso para todos».
- Merezca elogio

Debemos pensar en el Dios que adoramos, y en todas las cosas por las que lo alabamos. «La ciencia más alta, los ideales más nobles, la más fuerte filosofía que puede llamar la atención de un hijo de Dios es el nombre, la naturaleza, la persona, la obra, los hechos y la existencia del gran Dios a quien llama su Padre», dijo Charles Haddon Spurgeon, y añadió que, «hay algo que mejora con excelencia la mente en la contemplación de la divinidad. Es un tema tan vasto que nuestros pensamientos se pierden en su inmensidad; tan profundo que nuestro orgullo se ahoga en su infinitud»[8].

¿CÓMO PENSAR EN ESTAS COSAS?

En cierta forma, estas palabras son una descripción de Dios mismo, y de Jesucristo, quien es el epítome de todo lo que es verdadero, respetable, justo, puro, amable, digno de admiración, todo lo que sea excelente o merezca elogio. Según 2 Corintios 3:18, nos transformamos al contemplar todo lo que es Él y todo lo que es para nosotros: «Así, todos nosotros, que con el rostro descubierto reflejamos como en un espejo la gloria del Señor, somos transformados a su semejanza con más y más gloria por la acción del Señor, que es el Espíritu».

Estas palabras también describen el alcance de la Escritura, que nos trae de nuevo a los hábitos del estudio bíblico, la memorización de la Escritura y la meditación. Romanos 8 dice: «Los que viven conforme a la naturaleza pecaminosa fijan la mente en los deseos de tal naturaleza; en cambio, los que viven conforme al Espíritu fijan la mente en los deseos del Espíritu. La mentalidad pecaminosa es muerte, mientras que la mentalidad que proviene del Espíritu es vida y paz» (vv. 5-6). Fíjate en la palabra *paz*. Es la misma que encontramos en Filipenses 4. Cuando el Espíritu gobierna nuestra mente y se llena de la Escritura, la preparamos para que se mueva del pánico a la paz, de la preocupación a la adoración, y de la ansiedad a la confianza.

Por eso siempre hago tanto énfasis en la meditación y la memorización de la Escritura. Escribí dos libros sobre ese tema: *100 versículos bíblicos que todos debemos memorizar* y *The Lost Art of Biblical Meditation* [El arte perdido de la meditación bíblica]. Los patrones que describo en estos libros han transformado mi vida más que cualquier otra cosa que haya descubierto. Me han ayudado a vencer la tentación, sobre todo las de angustia y desánimo, más de lo que pudiera explicar.

Mis propios hábitos acerca de esto son muy simples. Como sugerí antes, casi todas las mañanas, durante mi tiempo devocional, paso unos cuantos minutos tratando de memorizar una frase o un versículo de la Biblia. Es cierto que tenemos acceso instantáneo a las Escrituras en el teléfono o la tableta, y que podemos buscar un versículo con solo pulsar el dedo unas cuantas veces. En cambio, cuando memorizamos un versículo, sale del teléfono o de la página del libro, y se planta en los surcos mentales de nuestra mente consciente donde penetra a nuestro subconsciente y hasta los pensamientos más ocultos. Es como un microchip de radiación implantado en el cerebro que comienza a trabajar en los niveles más profundos de las funciones mentales.

Cuando encuentro un versículo que quiero memorizar, lo escribo en una pequeña libreta de piel y lo leo en voz alta una y otra vez. Hablando en el teléfono, presiono la grabadora y trato de citar las primeras frases, y luego escucho para ver lo que perdí. Esto lo repito al día siguiente. Puede llevarme días, semanas y hasta meses aprender un pasaje, pero en el trayecto me resulta más conocido. Se graba en lo profundo de la pared en la memoria. A menudo voy a dormir y me levanto pensando en el versículo, y lo pienso en la ducha, al conducir el auto y al caminar.

Imagínate cómo te funcionaría esto si te hicieras el propósito de aprenderte Filipenses 4:4-9. Comienza memorizando la primera frase del versículo 4: «Regocíjense en el Señor siempre». Puedes hacerlo. Quizá hasta ya te lo aprendieras con solo leer este libro. Ahora, añade la próxima fase: «Otra vez les digo, ¡regocíjense!» (RVC).

¿Ves? Te aprendiste un versículo completo. Es posible que quieras escribirlo en la pantalla del teléfono o en una nota adhesiva que puedas pegar al despertador, al espejo o a la cafetera. Piensa en esas palabras mientras te preparas para afrontar el día. Conviértelas en una oración mientras te vistes o pones el plato de cereal en el lavaplatos. *Señor, ayúdame a regocijarme hoy en ti*. Conviértelas en una canción simple. Repítelas en voz alta, varias veces, haciendo énfasis en una palabra diferente cada vez. Publícalas en las redes sociales. Envíalas en tus correos y conversaciones.

Cuando te sientas estresado en el trabajo o en la escuela, toma un descanso de un minuto, busca un lugar de quietud, respira varias veces, exhalando con profundidad, inhalando por completo, y susúrrate el versículo. Cuando te sientas frustrado por la cantidad de trabajo, recuerda la palabra *siempre* y dila en voz alta. Piensa en Filipenses 4:4 como la cobertura de tu alma hoy. Cuando vayas de camino a tu casa, repite la oración varias veces. Conviértela en una oración por otros. «Señor, ayuda a mis hijos para que se regocijen en el Señor esta noche». Prepárate un baño caliente, sumérgete en el agua y piensa en las palabras del versículo. Cuando vayas a dormir, deja que ese pensamiento sea lo último de lo que tenga conciencia tu mente.

Si recibes un informe negativo, malas noticias o tienes un momento de pánico, di: «Señor, sabes que me estoy empezando a poner tenso en este momento, pero reclamo Filipenses 4:4: «Regocíjense en el Señor siempre. Y otra vez les digo, ¡regocíjense!» (RVC).

Nunca podrás usar Filipenses 4:4 más de la cuenta, gastarlo ni cansarte de él. La Palabra de Dios es insondable. Yo he estado considerando Filipenses 4:4 por décadas, y me encanta esta frase más ahora que cuando la aprendí. Además, cuando estés listo, puedes añadir la próxima frase: «Que la gentileza de ustedes sea conocida de todos los hombres» (RVC). Luego, ve a la próxima frase.

Repite el proceso versículo por versículo, y en unas semanas o unos meses tendrás el pasaje grabado en la memoria, escrito como caligrafía en el alma, siempre disponible, y a cada momento irradiando su verdad hasta los lugares más íntimos de tu corazón. Alguien me envió esta cita que dice: «Mira a tu alrededor y aflígete. Mira dentro de ti y deprímete. Mira hacia arriba y descansa». Una de las maneras más fáciles de mirar hacia arriba es explorar las palabras divinas que están entre las cubiertas de tu Biblia.

MEDITACIÓN TRANSFORMACIONAL

Cuando te comprometas a la práctica del pensamiento, pronto experimentarás el poder de la meditación transformacional. En mi libro *Reclaiming the Art of Biblical Meditation* [Cómo reclamar el arte de la meditación bíblica], hice mención de un día cuando estaba en mi primer año en *King University* en Bristol, Tennessee. Estaba de visita un gurú de barba blanca vestido con una túnica suelta, que llegó al recinto proclamando la práctica de la meditación trascendental. Recuerdo que su idea principal era encontrar momentos cuando pudiéramos cerrar los ojos, relajar los músculos, vaciar la mente, respirar profundo y relajarnos. A mí me gusta relajarme y respirar profundo, y todos esos son recursos importantes para combatir la tensión y la ansiedad. Cuando vaciamos y volvemos a llenar los pulmones, infundimos el aire fresco de Dios al flujo sanguíneo que refresca el cerebro, calma el estado de ánimo y fortalece los nervios.

Sin embargo, el gurú estaba equivocado en cuanto a vaciar la mente. Por definición, *meditar* significa «dirigir la mente para que anide en un pensamiento específico», preferiblemente uno que sea verdadero, respetable, justo, puro, amable, admirable, excelente y que merezca elogio. En esa época no conocía Filipenses 4:8, pero por intuición supe que el gurú estaba mal guiado. Nuestra mente no es una buena cámara de vacío. Necesita que la nutra la verdad.

Al año siguiente, me trasladé a *Columbia International University*, en Columbia, Carolina del Norte, donde alguien me enseñó Romanos 12:2, un versículo que habla de la transformación por la renovación de la mente. Aprendí que lo que Dios desea para nosotros no es meditación *trascendental*, sino meditación *transformacional*.

Al interiorizar, visualizar y personalizar la Palabra de Dios, somos transformados a la clase de persona que Él quiere que seamos. Vemos las cosas desde su perspectiva. Cada vez más pensamos como Jesús, y nuestra mente se afina, profundiza, compone y calma. J.B. Phillips explicó Romanos 12:2 de esta manera: «No dejen que el mundo que les rodea los meta en su propio molde, sino dejen que Dios vuelva a moldear sus mentes desde adentro»[9].

Esta estrategia salvó la vida del misionero Geoffrey Bull, un expatriado escocés que capturaron y encarcelaron los comunistas chinos del Tíbet. Le quitaron todas sus posesiones, incluyendo su Biblia, y lo echaron en diferentes cárceles donde sufrió terriblemente por tres años. Además de las temperaturas extremas, la escasez de alimentos y las condiciones miserables, Bull fue sujeto a tal tortura mental y psicológica que temió volverse loco. Sin embargo, como había estudiado la Biblia toda su vida, comenzó a repetir de forma sistemática las Escrituras en su mente.

Descubrió que le llevó unos seis meses hacer el viaje mental por toda la Biblia. Comenzó en Génesis, y recordó cuanto incidente y cuanta historia pudo, concentrándose primero en el contenido y, luego, haciendo énfasis mental en ciertos puntos, buscando la luz en oración. Continuó a través de todo el Antiguo Testamento, reconstruyendo los libros y los capítulos como mejor podía, y enfocando el pensamiento en versículos que se sabía de memoria; entonces, fue al Nuevo Testamento hasta llegar a Apocalipsis. Cuando terminó, comenzó de nuevo. Más tarde escribió: «Creo que la fortaleza que recibí por medio de esta meditación fue un factor vital para sobrevivir y poder mantenerme fiel hasta el final»[10].

Lo mejor que tiene interiorizar las Escrituras mediante la memorización y la meditación es su poder para transformarnos, y hasta convertir nuestras circunstancias y entornos de algo que produce ansiedad a algo que produce alabanza.

¿Por qué no comenzar ahora con Filipenses 4:4-9? Consideren bien todo lo verdadero, respetable, justo, puro, amable, digno de admiración, excelente o lo que merezca elogio.

VAYAMOS UN PASO MÁS ADELANTE

Después de aprender e interiorizar Filipenses 4:4-9, ¿y luego qué? Bueno, busca otro pasaje, y según vayan pasando meses, años y décadas, verás que has estado tejiendo con tus pasajes bíblicos favoritos una manta que te calentará el corazón y la mente mientras vivas, y te dará ánimo interminable que podrás extender a otros. La Palabra de Dios será parte de tu personalidad como vetas de oro.

Cuando le enseño este proceso a un grupo, a menudo lo divido en ocho pasos simples.

1. **Pasaje.** Comienza con un pasaje de la Escritura y léelo una y otra vez. La otra noche me sentí abrumado por el estrés, la fatiga y un sentido de confusión, y me volví al Salmo 121, que había memorizado en una versión más antigua de la Biblia: «Alzaré mis ojos a los montes; ¿de dónde vendrá mi socorro? Mi socorro viene de Jehová, que hizo los cielos y la tierra» (RV-60). Lo repetí, lo busqué, lo volví a leer y lo adopté como mi pasaje para esa noche.

2. **Indaga.** El segundo paso es *indagar*. Después de encontrar un pasaje, tienes que leerlo y estudiarlo. A veces, lo escribo en la computadora, lo imprimo y lo divido usando lápices y bolígrafos. En el caso del Salmo 121, noté que los ocho

versículos se dividen en cuatro estrofas naturales de dos versículos cada una, y tracé líneas entre las mismas, notando cómo la lógica del salmo progresa de estrofa en estrofa.

3. **Reflexiona.** Entonces, reflexiona en el pasaje. ¿Qué significa este pasaje? ¿Qué significa para mí? ¿Cómo puedo explicárselo a otra persona si tuviera la oportunidad? ¿Cómo puedo enseñarlo si me pidieran dirigir un estudio bíblico?

4. **Píntalo.** A menudo es útil pintar un cuadro mental del pasaje y usar la imaginación para que la Escritura cobre vida. Para alguien como yo, que se crio en los montes de los Apalaches, es fácil pensar en alzar los ojos a los montes. Puedo cerrarlos y ver los picos imponentes, moldeados y formados por una mano infinita. El mismo Dios que hizo esas antiguas montañas está cercano para establecer mi paz, aplacar mi alma y darme su ayuda.

5. **Personaliza.** Como puedes ver, el proceso de reflexionar y pintar te lleva a interiorizar el pasaje, y hacerlo personal y práctico. Cada versículo tiene una aplicación para nuestra vida. Cuando interiorizamos y personalizamos una promesa de la Escritura, poniéndole nuestro nombre y apoyándonos en su verdad, encontramos el antídoto para la alarma y la ansiedad.

6. **Ora.** Podemos también orar la Escritura: «Señor, tú dices que mi socorro viene de ti, el Creador de los elevados montes. Ahora, estas son las cosas donde necesito tu ayuda hoy...».

7. **Practica.** Entonces, pon en práctica el pasaje confiando y obedeciendo. El Salmo 121 termina con las palabras: «Jehová guardará tu salida y tu entrada desde ahora y para siempre» (rv-60). Es un gran versículo que mantengo en mente cuando salgo para el trabajo, o regreso a casa después de un día agotador. Quiero practicar la comprensión de que Dios cuida de todos mis pasos.

8. **Predica.** Tarde o temprano, tendrás la oportunidad de predicarles el pasaje a otros. No necesariamente desde el púlpito de una iglesia, sino en tu propio púlpito. ¿Recuerdas la oportunidad que tuve de recitar Filipenses 4:4-9 a la mujer del avión?

Las palabras que Dios nos da se convierten en nuestro propio mensaje y nuestros mayores tesoros. No podemos dejar de enseñárselas a nuestros hijos, amigos, familiares y a todos los que nos encontramos durante el día.

La forma más poderosa de dirigir los devocionales familiares, por ejemplo, es decirles a tus hijos con naturalidad los versículos que enriquecen ahora tu vida. Deuteronomio 6:6-7 dice: «Grábate en el corazón estas palabras que hoy te mando. Incúlcaselas continuamente a tus hijos. Háblales de ellas cuando estés en tu casa y cuando vayas por el camino, cuando te acuestes y cuando te levantes».

Esa es mi fórmula para la meditación: Busca el pasaje, indaga, reflexiona, píntalo, personalízalo, ora, practícalo, predícalo. Si quieres un esquema más simple, este es uno que aprendí en la universidad: La práctica de la meditación requiere tomar un pasaje de la Escritura y *memorizarlo, visualizarlo y personalizarlo*. Al hacerlo, tu mente se sanará por la verdad transformadora de la Palabra de Dios y comenzarás a pensar cada vez más como piensa Dios. Comenzarás a ver la vida desde el punto de vista de Dios. Desarrollarás la sabiduría de lo alto (Santiago 3:17)[11].

Debemos procurar que las Escrituras fluyan a cada momento por nuestra mente como fluye el agua por una fuente o el aceite por una máquina.

Un día, mientras enseñaba en *Liberty University*, tuve una maravillosa conversación acerca de esto con mi amigo el Dr. Gary Mathena, quien me contó una experiencia con su padre. Le pregunté si podía cerrar este capítulo con su historia:

> Uno de los héroes de mi padre en el ministerio fue un predicador afroamericano llamado Manuel Scott. Después de escuchar al Dr. Scott predicar una noche, mi padre tuvo la oportunidad de desayunar con él al día siguiente. Mi padre era un predicador joven y le expresó al Dr. Scott cuán bendecido, animado e inspirado se sentía por su predicación y por las verdades que podía extrapolar de la Escritura. Mi padre le dijo: «Dr. Scott, es evidente que usted es un

hombre espiritual. ¿Cómo se convierte uno en espiritual? ¿Cómo puedo aprender a predicar con la profundidad y la sabiduría con las que predica usted?».

Manuel Scott pensó por un momento y le dijo: «Bueno, Harold, cuando te levantes por la mañana, pasa tiempo pensando en la Palabra de Dios y, luego, durante el día medita y reflexiona en la Palabra de Dios todo el día. Después, antes de dormir por la noche, permite que la Palabra de Dios te sature el corazón y la mente». Entonces, el Dr. Scott hizo una pausa y, tomando sus tirantes rojos con los dedos, le dijo: «Si haces esto, un día de estos, ¡te despertarás espiritual!»[12].

Esa es mi forma más simple de explicar la realidad de Filipenses 4:8. Si te quieres preocupar menos y vivir más, pon esto en práctica de inmediato: «Consideren bien todo lo verdadero, todo lo respetable, todo lo justo, todo lo puro, todo lo amable, todo lo digno de admiración, en fin, todo lo que sea excelente o merezca elogio».

PREGUNTAS PARA LA DISCUSIÓN

1. Si batallas contra el estrés traumático, ¿qué lo provoca? Si luchas con la ansiedad ocasional, ¿qué la activa? ¿Crees que sea posible en realidad cambiar tus sentimientos si cambias tus pensamientos? ¿Qué papel tiene nuestra mente en la determinación de nuestras emociones?
2. El mismo hombre escribió Filipenses 4:8 y Romanos 12:2. Lee estos dos versículos. ¿Dicen lo mismo? ¿Cómo Filipenses 4:8 lleva a cabo Romanos 12:2?
3. ¿Hay un pasaje o versículo bíblico que puedas comenzar a memorizar? ¿Cuáles son los primeros pasos que puedes dar hoy para empezar a desarrollar un hábito de meditación y memorización de la Escritura que dure toda la vida?

CAPÍTULO SIETE

LA PRÁCTICA DEL DISCIPULADO

Pongan en práctica lo que de mí han aprendido, recibido y oído, y lo que han visto en mí.

FILIPENSES 4:9

Hace algunos años, una noruega llamada Marie Monsen estaba entre los doscientos pasajeros que viajaban en barco a través del mar Amarillo frente a la costa de China. Durante las primeras horas de la mañana, escuchó disparos y el sonido de conflicto. La gente gritaba. Los hombres discutían. Ruidos de pasos a la desbandada. Una pandilla de más de cincuenta piratas tomó el control del barco con la intención de retener a los pasajeros como rehenes.

Más tarde, Marie describió los pensamientos que le vinieron a la mente cuando se dio cuenta de lo que sucedía:

> Justo antes del amanecer, escuché tiros de pistola por todo el barco, y supe en seguida lo que iba a suceder. Las palabras que me vinieron a la mente fueron: «Esta es una prueba de fe». Recuerdo la emoción y el gozo que me inundaron al pensarlo. De inmediato, recordé la palabra que había usado muchas veces a través de los años, en Isaías 41:10, y se las leeré como la estuve leyendo en los campos de Henán: «Así que no temas, Marie, porque yo estoy contigo; no te angusties, Marie, porque yo soy tu Dios. Te fortaleceré, y te ayudaré, Marie; te sostendré, Marie, con mi diestra victoriosa[1].

Marie Monsen había estado haciendo lo que yo enseñé en el último capítulo. Memorizar y personalizar pasajes clave de la Escritura, en este caso Isaías 41:10, y el Espíritu Santo trajo el versículo a su memoria al instante. Por veintitrés días, se mantuvo firme en esa promesa. Según contó más tarde, los piratas trataron de intimidarla, pero ella no se conmovió con facilidad. Cuando le apuntaron con las pistolas, les dijo que ninguna arma forjada contra ella tendría éxito. Cuando le ordenaron que fuera a la bodega del barco, se negó a ir. Cuando le dijeron que saliera de su cabina, les dijo que Dios le había dado esa cabina y que no saldría. Cuando un pirata le robó el reloj, otro se lo devolvió[2].

Su cabina estaba situada entre la sede central de los piratas y la bodega de municiones, así que tenía una buena vista de la acción, mientras que los criminales usaban el barco para interceptar y atacar otras naves, pero Marie nunca perdió su sentido de paz. Ni le daba vergüenza citar Escrituras a sus captores. Durante tres semanas aprovechó toda oportunidad para hablarles de Cristo a los pasajeros y los piratas, incluyendo el jefe, con quien pasó dos horas explicándole el evangelio. Al final, Marie fue liberada sin sufrir daños. En realidad, los piratas no sabían qué hacer con una mujer así[3].

Cuando leo historias de personas como Marie Monsen, me inspiran a ser más como ellas, decidido a seguir su ejemplo. Si confiaban en Cristo en toda situación, ¿por qué no debía confiar yo? Si encontraron valor en el Señor, ¡yo también debía encontrarlo! Es humillante ponerme en su lugar e imaginar qué tan diferente quizá hubiera reaccionado yo. Creo que hubiera tenido miedo, pánico, agitación, pero tal vez no. La vida de los creyentes a través de las edades nos enseñan que Dios nos imparte la gracia a medida que la necesitamos, y que no hay nada como tener ejemplos dignos de seguir, mentores grandes mentores para emular y héroes que allanen el camino.

Cuando el escritor del libro de Hebreos quiso exhortar a sus nerviosos lectores a que perseveraran bajo la presión, les dijo: «Ahora bien, la fe es la garantía de lo que se espera, la certeza de lo que no se ve. Gracias a ella fueron aprobados los antiguos» (11:1-2). Entonces, les muestra los ejemplos de Abel, Enoc, Noé, Abraham, y toda la lista de héroes del Antiguo Testamento que, por la fe, conquistaron reinos, cerraron las bocas de los leones y recibieron la promesa.

Nosotros tenemos dos mil años más de biografía cristiana que añadir a esa galería, y si queremos fortalecer nuestra fe y vencer los ejércitos de ansiedad que se despliegan contra nosotros, necesitamos aprender de sus ejemplos. Si estos hombres y mujeres vencieron la ansiedad, derribaron fortalezas, vivieron con valentía por su fe y ganaron la recompensa, nosotros podemos también. Asimismo, lo puede hacer nuestra generación.

Al practicar el regocijo, la gentileza, la cercanía, la oración, la gratitud y la meditación, debemos también añadir la práctica del discipulado. La palabra *discípulo* significa literalmente «aprendiz», y tiene que ver con seguir y emular la enseñanza y el ejemplo de otro. Si pertenecemos a Cristo, somos ante todo sus discípulos, pero a menudo Él utiliza a ciertas personas para estimularnos, instruirnos, enseñarnos, darnos ejemplo, y discipularnos en las verdades y técnicas de nuestra fe. Algunos de estos mentores vivieron hace años y su sombra todavía cubre nuestro camino desde lejos. Otros se nos cruzan en el camino ahora y vienen en forma de amigos, pastores, consejeros, mentores y maestros. No podemos vencer las ansiedades de la vida sin la ayuda de estos aliados enviados por Dios.

Este proceso dura toda la vida. Aun en la llamada «jubilación», necesito mentores y consejeros más que nunca. Pocas veces evolucionamos del miedo ansioso a la fe inmutable en un día o una semana, pero podemos ir de la debilidad a la fortaleza perseverando a través del tiempo, sobre todo cuando dejamos que otros nos ayuden. En los primeros capítulos de Filipenses, Pablo exhortó a sus lectores diciéndoles que estaba convencido de que «el que comenzó tan buena obra en ustedes la irá perfeccionando hasta el día de Cristo Jesús» (1:6).

Esto requiere proceso y progreso.

El salmista oró así: «El Señor cumplirá en mí su propósito. Tu gran amor, Señor, perdura para siempre», o como lo pone la Nueva Traducción Viviente: «El Señor llevará a cabo los planes que tiene para mi vida, pues tu fiel amor, oh Señor, permanece para siempre. No me abandones».

Él no nos abandonará, y nosotros no debemos darnos por vencidos tampoco. Mes tras mes, año tras año, década tras década, podemos tener más calma y compostura, creciendo con la fortaleza de un roble a medida que pasan los años. Nuestros ansiosos nervios pueden aprender a relajarse en el amor de Dios, a descansar en sus promesas y a confiar en su gracia. Nuestra paz mental puede superar los elementos básicos de nuestra personalidad. Alguien dijo: «Mientras más envejecemos, más nos parecemos al lugar a donde vamos». En Cristo, vamos camino a una ciudad inconmovible preparada para almas resistentes, así que debemos aprender de otros cómo ser más fuertes durante la jornada.

Cierto, fallamos en el camino. Todo el que lucha contra algún tipo de estrés traumático sabe cómo el fuego de nuestros temores más profundos puede activarse con solo una palabra, un evento, un sonido, un olor o un pensamiento. Sin embargo, Proverbios 24:16 dice: «Los justos podrán tropezar siete veces, pero volverán a levantarse. En cambio, basta una sola calamidad para derribar al perverso» (NTV). Con el ejemplo de Jesús y sus seguidores a través de los siglos, tenemos recursos para levantarnos, continuar y ganar terreno hasta que nos llame el Señor. Cuando de vencer la preocupación se trata, nunca nos demos por vencidos.

Todo esto nos conduce al siguiente versículo en nuestro estudio de Filipenses 4 y la práctica del discipulado. En el versículo 9, Pablo dice: «Pongan en práctica lo que de mí han aprendido, recibido y oído, y lo que han visto en mí, y el Dios de paz estará con ustedes». Pablo mismo había batallado contra la preocupación, así que sabía cómo ayudar a otros a encontrar la paz. En Filipenses 4:4-9, ofrecía más que una receta para vencer la preocupación; se ofrecía a sí mismo como prueba de la eficacia del tratamiento.

La lección del versículo 9 es bastante simple: si batallas con la preocupación y la ansiedad, encuentra a otros que saben confiar en el Señor mejor que tú y estudia sus vidas. Pregúntales acerca de su fe. Lee sus historias. Déjate discipular por sus ejemplos. J.B. Phillips tradujo Filipenses 4:9 de esta manera: «Modelen su conducta según lo que han aprendido de mí, lo que les he dicho y mostrado, y verán que el Dios de paz estará con ustedes».

LA PRÁCTICA DEL DISCIPULADO

Al presentarse a sí mismo como modelo y mentor, Pablo repetía algo que dijo antes en Filipenses 3:17: «Hermanos, sigan todos mi ejemplo, y fíjense en los que se comportan conforme al modelo que les hemos dado».

Dijo algo similar en 1 Corintios 11:1: «Imítenme a mí, como yo imito a Cristo».

Esto parece un poco audaz, pero tenemos que recordar que los cristianos de Corinto y Filipos no tenían el Nuevo Testamento como nosotros. Los pastores, ancianos y diáconos de esa época no tenían toda la Biblia, y los conversos gentiles sabían muy poco del Antiguo Testamento. Imagínate ser un convertido en una iglesia recién establecida, pero tener poco, o nada, de las Escrituras. No era posible tener estudios bíblicos, porque no había Biblias. El gran manual de la santidad llamado el Nuevo Testamento, estaba todavía en proceso de construcción. Quizá estaban comenzando a circular algunos de los primeros escritos, como Santiago y Gálatas, pero no eran muchos, ni eran fáciles de obtener. Algunos de los escritos de Pablo se movían por el Imperio, quizá 1 Tesalonicenses o 1 Corintios. Sin embargo, el Nuevo Testamento, como lo conocemos hoy, estaba en su mayor parte sin escribir y sin armar. Así que los convertidos que venían en oleadas por todo el Imperio romano tenían pocos documentos que les mostraran cómo piensan, actúan, hablan o viven los cristianos. Estos primeros cristianos querían saber: ¿Cómo se ve un cristiano? ¿Qué hace un cristiano? ¿Cómo actúa un cristiano? ¿Cuál es la diferencia entre un seguidor de Cristo y cualquier otra persona?

Sin embargo, aunque no tenían la Biblia impresa, sí tenían la cultura bíblica personificada en Pablo, Pedro, Jacobo, Juan y los apóstoles que vivían aún. Los seguidores de Cristo originales ejemplificaban y personificaban el estilo de vida cristiano, diciendo en efecto: «Si quieren vivir como discípulos, obsérvennos. Hagan lo que hacemos. Hablen como nosotros. Actúen como nosotros. Piensen como nosotros. Vivan como nosotros. Mueran como nosotros. Sigan nuestro ejemplo como nosotros seguimos el ejemplo de Jesús. Lo que han aprendido, recibido o escuchado de nosotros o visto en nosotros, eso practiquen. Y el Dios de paz estará con ustedes».

Hoy tenemos la Biblia. Tenemos el Antiguo y el Nuevo Testamento. Tenemos los Evangelios, las cartas, narraciones y revelaciones. Aun así, necesitamos mentores y modelos que nos ayuden a ver cómo la Palabra se convierte en carne. Necesitamos patrones a seguir.

Si estudiamos los grandes personajes de la historia cristiana, siempre encontraremos un mentor detrás. La historia de la cristiandad es la de discípulos haciendo discípulos, de generación en generación, de una era a la próxima, en una cadena interminable de transformación (2 Timoteo 2:2).

Por ejemplo, cuando Martín Lutero era joven, tenía un mentor llamado Johann von Staupitz, el líder de la comunidad agustina en Múnich. Lutero era un joven monje ansioso y conflictivo, pero Von Staupitz le enseñó a mirar a Cristo y esperar en la gracia de Dios a través de la oración, y no luchar con sus propios esfuerzos. Von Staupitz motivó a Lutero a estudiar el libro de Romanos, una sugerencia que cambió la historia a través de la Reforma.

Considera al parlamentario William Wilberforce, cuya campaña contra el tráfico humano terminó con la esclavitud comercial en el Imperio británico. De niño, Wilberforce escuchaba los sermones de John Newton, autor del himno «Divina gracia». Newton fue capitán de un buque negrero antes de convertirse a Cristo. Ahora era pastor y un gran opositor de la trata de esclavos.

El curso de las circunstancias alejó a Wilberforce del círculo de influencia de Newton, y en su juventud, el futuro estadista no tuvo una presencia cristiana fuerte en su vida. Es más, él mismo no era cristiano. Entonces, una vez que lo eligieron al parlamento a los veintiún años de edad, Wilberforce se convirtió de una manera extraordinaria a Cristo y tuvo dudas acerca de quedarse en la política. Le preocupaba que el mundo de la política no fuera compatible con sus principios cristianos. Así que buscó el consejo de su antiguo pastor, John Newton, quien le animó a quedarse en el gobierno para sacar adelante la causa de Cristo en la arena política y luchar por la abolición de la esclavitud.

Durante los años que siguieron, muchas personas denigraron a Wilberforce, y a menudo él sucumbía a la ansiedad y la presión. En esas ocasiones, se lo confiaba a su mentor. El 21 de julio de 1796, por ejemplo, Wilberforce le escribió a Newton, contándole su intención de retirarse de la vida pública. Newton le respondió:

> Te encuentras con muchas cosas que te cansan y repugnan, que evitarías en una vida más privada. Aun así, están conectadas de manera inseparable con tu camino del deber; y aunque no puedas hacer todo el bien que deseas, se hace algo bueno, y es probable que tu influencia impida algún mal [...] Tiene un precio [...] y te expone a muchas impertinencias de las cuales te gustaría estar exento; pero si, por encima de todo, eres un instrumento para promover la causa de Dios y el bienestar público, no tendrás motivo para arrepentirte [...]
>
> Tampoco es posible calcular ahora todas las ventajas que pueden resultar de tener un asiento en la Cámara en un momento como este. El ejemplo, y hasta la presencia de un carácter constante pueden tener un efecto poderoso, aunque no pueda verse, sobre los demás. No solo eres un representante de Yorkshire, tienes el honor mucho mayor de ser el representante del Señor, en un lugar donde muchos no lo conocen[4].

Newton concluyó su carta recordándole a Wilberforce el ejemplo del estadista y profeta Daniel que sirvió en las cortes de Babilonia:

> Es cierto que vives en medio de dificultades y trampas, y que necesitas una doble porción de vigilancia y oración. Sin embargo, ya que conoces tanto tu necesidad como dónde buscarla, puedo decirte, como Darío a Daniel: «El Dios tuyo, a quien tú continuamente sirves, él te libre». Daniel también fue un hombre público, y se encontró en circunstancias críticas, pero confiaba en el Señor, y fue fiel en su departamento, y por lo tanto, aunque tenía enemigos, no pudieron prevalecer contra él.
>
> En efecto, el punto central de nuestro consuelo en la vida es tener una convicción bien arraigada de que estamos, en consideración de todo, donde debemos estar[5].

Observa cómo John Newton enseñó a Wilberforce y lo trasladó al modelo bíblico de Daniel, y al hacerlo le dio el ejemplo de un hombre que, en una situación gubernamental similar, mantuvo la calma y continuó su trabajo. Nosotros también podemos aprender a soportar las presiones de la ansiedad practicando el discipulado en su relación con los modelos bíblicos, ejemplos en las biografías del cristianismo, y amigos y mentores contemporáneos cuyas vidas nos ayudan a confiar más en el Señor. En otras palabras, si estás predispuesto a preocuparte, busca a alguien que no lo esté, y aprende su secreto.

Esta práctica de discipulado y tutoría es lo que desempeña Filipenses 4:9. En este versículo podemos ver una influencia de cuatro maneras. Observa los verbos clave: «Pongan en práctica lo que de mí han *aprendido, recibido* y *oído*, y lo que han *visto* en mí». La Biblia no desperdicia palabras, así que cada uno de esos términos nos da una forma diferente por la cual podemos instruir y recibir instrucción. En otras palabras, el discipulado sucede de cuatro maneras: a través de lecciones, escritos, sermones y ejemplos que cambian la vida.

LO QUE HAN APRENDIDO

Primero, Pablo dijo: «Lo que de mí han *aprendido*», y esto se refiere a las *lecciones que cambian la vida*. Dios nos enseña por medio de las personas que pone en nuestro camino. Para Pablo y los filipenses, se remontaba a Hechos 16 y la historia de los comienzos de la iglesia en Filipos. Lidia, la primera convertida, una empresaria próspera, vino a Cristo cuando Pablo predicaba a orillas del río. Había una joven esclava de la que Pablo echó fuera un demonio, y esto resultó en la persecución y arresto de Pablo y Silas, a quienes azotaron y encarcelaron después. Aun estos eventos resultaron para bien, porque mientras que estos misioneros cantaban a medianoche, Dios mandó un terremoto que los libró. Más tarde, el carcelero y su familia pusieron su fe en Cristo, y estas almas fueron los primeros frutos de la cosecha de Filipos. Ahora, años más tarde en su carta, Pablo quiso mostrarles cómo, si seguían su ejemplo, podían experimentar la paz que sobrepasa todo entendimiento.

Al reflexionar sobre mi propia vida, me siento agradecido a otros creyentes que han sido modelos de la verdad bíblica en mi vida y me han enseñado acerca de los principios de la Escritura, mis padres, Winford R. Floyd, mi pastor en la niñez, mis profesores, unos cuantos alumnos de años superiores en *Columbia International University*, y todo un grupo de hermanos y hermanas que a través de los años Dios ha traído a mi vida.

En nuestro libro, *The Strength You Need*, mi esposa Katrina habla de una mujer que la discipuló en Palm Beach, Florida, Antonieta Johnson. Su influencia moldeó la vida de Katrina y la puso en un nuevo camino de crecimiento, sin el cual mi esposa y yo nunca nos hubiéramos conocido.

Y hablando de Katrina, nadie me ha ayudado más que ella en tomar control de mis ansiedades. A menudo me dice:

—No sé por qué te preocupas tanto. Actúas como si Dios no pudiera hacer nada en cuanto a esto. ¿Por qué no confías en Él?

—Estoy tratando —le respondo a veces.

—*Tratar* y *confiar* son dos polos opuestos —es su respuesta invariable.

Estas son las lecciones de fe que nos transforman la vida y que podemos aprender de otros.

Como pastor, también he sido afortunado al contar siempre con juntas directivas cuyos corazones han sido fieles a mí y al trabajo que tenemos en común. La unidad y la fuerza de los líderes de nuestra iglesia nos han sostenido por cuarenta años. En ocasiones, hemos afrontado tiempos difíciles, pero nunca he tenido un equipo directivo que sucumbiera a la ansiedad. Hemos perseverado juntos, animándonos los unos a los otros en la fe. Todo pastor necesita equipos de diáconos, ancianos, líderes y juntas.

Ian Maclaren escribió de una iglesia en Drumtochty, Irlanda, donde John Carmichael comenzó su ministerio. Carmichael era un joven que trabajaba arduamente en sus sermones, pero domingo tras domingo se desmoronaban cuando trataba de predicarlos.

Un domingo, después del culto cuando todos se habían marchado, Carmichael se quedó en la iglesia, sintiéndose derrotado.

Estaba sentado solo en la sacristía, con la barbilla sobre el pecho, cuando escuchó que alguien tocaba a la puerta de atrás. Era el anciano principal de la iglesia, Angus Sutherland. John se compuso, pensando que lo iban a despedir.

«Buenos tiempos que tenemos, señor», le dijo Angus en su inglés con acento galés. «Quizá no debería molestarlo en este momento, pero los ancianos me han enviado para darle un mensaje».

El anciano le dijo a John que los demás tuvieron una reunión espontánea debajo de la vieja haya después del servicio, y le enviaron para darle la decisión. Le dijo que venía como amigo y le recordó al joven cómo la iglesia se había arriesgado al traer a un pastor tan joven.

Luego, el viejo Angus le dijo en su singular estilo escocés: «Han pasado tres meses desde que entró a su ministerio entre nosotros, y usted no se enojará conmigo si le digo que es demasiado joven para llevar esta carga sobre sí, puesto que no hay carga más pesada que la de las almas». Continuó diciendo que nadie dudaba de su sinceridad ni de sus esfuerzos. «Pero usted es muy joven y el ministerio del Señor es arduo».

Hizo una pausa, y continuó:

> Así que los ancianos han considerado que ha llegado la hora de decirle algo, y me han encargado a mí que le espere en este lugar y le diga, de parte de los ancianos del rebaño, y de todo el rebaño bajo su cuidado, que estamos agradecidos a Dios por haberle enviado como nuestro ministro, y que estamos maravillados de los tesoros de verdad y gracia que nos trae cada *sabbat*.

Y continuó:

> Solo hay otra cosa que los hermanos me rogaron que dijera: Pedirle que recuerde cuando ocupe su lugar para hablarnos en el nombre del Señor, que así como sube el humo de las chimeneas de nuestros hogares cada mañana, subirán las oraciones por nuestro ministro; y cuando nos mire antes de comenzar a hablar, quizá se diga a sí

mismo, el próximo *sabbat*, todos me aman. Oh, sí, y será cierto desde el más viejo hasta el más joven, todos le amaremos mucho[6].

¡Con razón John Carmichael permaneció en el ministerio toda la vida! La lección aprendida de su anciano esa tarde de domingo le ayudó a conquistar los nervios, vencer el temor y perseverar en el trabajo para toda la vida. No importa cuál sea tu edad ni la etapa de tu vida, Dios ha puesto a alguien en tu camino, o lo hará pronto, que te puede discipular y llevar de una vida de ansiedad a una vida de paz productiva. Dios puede traer a alguien a tu vida que te pueda llevar de manera más profunda a una vida de fe con lecciones capaces de transformar tu vida, como dijo Pablo: «Pongan en práctica lo que de mí han aprendido, recibido y oído, y lo que han visto en mí, y el Dios de paz estará con ustedes».

LO QUE HAN RECIBIDO

Somos discipulados a la paz por *escritos que cambian vidas*. Observa cómo continúa Filipenses 4:9: «Pongan en práctica lo que de mí han [...] *recibido*». ¿Qué habían recibido de Pablo? Sus notas, cartas y enseñanzas por escrito, como la carta de Filipenses. Toda la carta era un ejercicio de discipulado. Y cada vez que leemos Filipenses, Pablo está discipulando. Nos discipula a nosotros. Dios nos discipula a través de las palabras que Él mismo inspiró en la epístola de Pablo.

Esto es discipulado mediante la lectura. Nunca he conocido a la mayoría de mis mentores; es más, casi todos están muertos. Aun así, moran en los estantes de mi biblioteca o en mi lector de libros electrónicos. A veces, cuando abro un libro, aun en la oscuridad de la noche, me siento que estoy atendiendo al autor, ya sea Aurelio, Agustín, Blaise Pascal, Juan Bunyan, Tomás Watson, el Hermano Lorenzo, Charles Spurgeon, A.T. Pierson, A.W. Tozer, C.S. Lewis o cualquier nombre que esté en la cubierta. Juntos hemos pasado maravillosos tiempos, solo entre los estantes, y algunos de estos mentores y sus libros han transformado mi vida, mi pensamiento y mis actitudes. Me han ayudado a crecer en la fe y a lidiar mejor con mis ansiedades. A esto lo podemos llamar biblioterapia.

El libro de J.I. Packer, *El conocimiento del Dios santo* se convirtió en una de las más poderosas fuerzas de discipulado de mi generación, y todavía guardo un ejemplar en la repisa de mi escritorio. En realidad, es de Katrina, y está todo marcado. No sé qué pasó con el mío, pero algunas de las verdades dentro de *El conocimiento del Dios santo* se han filtrado como por osmosis natural del libro de Packer a este. Eso es lo que pasa con los grandes libros. Nos empapan la mente y se difunden a través de nuestras conversaciones y escritos. Nunca he podido conversar con el Dr. Packer, pero sus escritos producen abundante efecto cada vez que los leo.

Nunca conocí a Charles Spurgeon; murió sesenta años antes que yo naciera. Sin embargo, sus *Discursos a mis estudiantes* se cruzaron en mi camino un día, y desde entonces soy estudiante de Spurgeon a través de su libro.

Nunca conocí al psicólogo Ross Campbell de Chattanooga, pero su libro, *Si amas a tu hijo* me ayudó a ser un mejor padre cuando, hace muchos años, me convertí en uno.

Cuando se trata de preocupación y ansiedad, a menudo he buscado refugio en libros como *Depresión espiritual: Sus causas y su cura* de Martyn Lloyd-Jones; *El antídoto contra la ansiedad*, de Leslie D. Weatherhead, cuyos sermones ayudaron a Londres a recuperarse después de la guerra; *God's Cure for Anxious Care* [La cura de Dios para la ansiedad], de John R. Rice; *Cómo suprimir las preocupaciones y disfrutar la vida*, de Dale Carnegie; y... no me juzgues, un montón de libros prácticos sobre el pensamiento positivo de populares autores.

A través de la lectura, es posible alcanzar la paz mental si leemos los libros adecuados, comenzando con la Biblia. En los libros que leemos, los sabios de las edades se convierten en nuestros mentores. Míralo de esta manera: ¿Qué pasaría si pudieras invitar a Pablo de Tarso a tomar un café contigo? ¿Qué pasaría si pudieras tomarte un té con G.K. Chesterton? ¿O si Billy y Ruth Graham pudieran pasar una hora contigo? ¿D.L. Moody? ¿Fanny Crosby? ¿Jonathan Edwards? ¿Francis Schaeffer? Ese es el poder de la lectura. Por eso Pablo dijo:

LA PRÁCTICA DEL DISCIPULADO

«Pongan en práctica lo que de mí han [...] *recibido* [...] y el Dios de paz estará con ustedes».

LO QUE HAN OÍDO

Pablo dijo también: «Pongan en práctica lo que de mí han [...] *oído* [...] y el Dios de paz estará con ustedes». Aquí se refiere a sus enseñanzas orales, discursos, conversaciones y *sermones transformadores*. Hay un poder electrizante en la lectura y exposición de la Palabra de Dios.

Cuando era un estudiante de primer año en la universidad, siendo muy inmaduro, descontento y tibio, por casualidad encendí la radio en la sala de mi tía Louise. Tenía una consola de radio y televisión inmensa, y todas las noches una estación de Carolina del Norte transmitía un sermón de alguna conferencia bíblica en algún lugar del país. Esa noche, estaba un predicador británico hablando del burrito sobre el que Jesús cabalgó hacia Jerusalén. Ese burrito se creó para un propósito, dijo el predicador, y estaba parado donde se encontraban dos caminos, en el lugar adecuado y en el momento apropiado. Jesús lo necesitaba, y ese burrito cumplió su destino sirviendo al Señor. El predicador dijo: «Si Dios pudo hacer eso con ese burro, quizá pueda hacer algo contigo».

Ese predicador bien pudo haber saltado de la radio y haberme tomado por el cuello. Sentí que me hablaba a mí en lo personal. Ese fue el principio de la jornada que me llevó a entregarle mi vida al Señor de una manera total.

En la universidad, los discursos de James (Buck) Hatch fueron los que establecieron la base para mi forma de entender y enseñar la Biblia. La verdad sea dicha, todavía escucho esos discursos grabados que escuché hace cuarenta años[7].

Hay un rumor que corre como una hoja perdida en los templos hoy en día que dice que los sermones más eficaces son los que contienen la menor cantidad de Escrituras. Algunos predicadores a menudo hablan acerca de temas morales o prácticos de la Escrituras, mientras que evitan divagar hacia lo que dice la Biblia en realidad, o desarrollan la lógica de las Escrituras tal como aparece. Sin embargo, el Salmo 119:130 dice: «La exposición de tus palabras nos da luz». El acto de predicar o enseñar no es solo proclamar nuestra opinión acerca de lo que dice la Biblia. Es el acto de exponer las palabras mismas, predicando las Escrituras de forma progresiva, versículo por versículo, de forma que refleje la lógica que Dios entretejió en la Biblia. Por ejemplo, en Filipenses 4:4-9, una oración sigue la otra en un orden racional, dándonos un maravilloso pasaje para estudiar en su contexto, y en eso radica su poder.

Cuando encuentres un expositor bíblico sólido, lee y estudia sus puntos de vista bíblicos, ya que a medida que comprendas el desarrollo de la lógica de la Palabra de Dios, estarás mejor armado para lidiar con las alarmas y los peligros de la vida.

LO QUE HAN VISTO

Por último, Pablo dijo: «Pongan en práctica [...] lo que han *visto* en mí, y el Dios de paz estará con ustedes». Esto completa el círculo y nos lleva a los *ejemplos transformadores* que fortalecen nuestra fe y reducen nuestros temores cuando los afrontamos. Algunos en el primer siglo nunca se pudieron sentar a conversar con el apóstol Pablo. Otros nunca leyeron sus cartas. Quizá nunca tuvieran la oportunidad de oírle hablar, enseñar o predicar. Aun así, lo observaban de lejos, los podía discipular sin decir palabra. Veían la expresión en su rostro. Veían la disciplina en su vida, la esperanza en sus ojos. Podían escuchar su entusiasmo aun en medio del sufrimiento, y comprendían que no se atemorizaba con facilidad. Su vida estaba anclada con firmeza en la esperanza de Cristo. Y como dijo en Filipenses 1:14: «Gracias a mis cadenas, ahora más que nunca la mayoría de los hermanos, confiados en el Señor, se han atrevido a anunciar sin temor la palabra de Dios».

La presencia misma de los fieles tiene un impacto enorme sobre los que se les cruzan en el camino. Una de las mujeres que me hubiera gustado conocer fue la Dra. Henrietta Mears, que trabajó en una iglesia en California durante la década de los cuarenta. Su ministerio se conoció en el mundo entero y su influencia tocó a muchos por años. En su libro acerca del avivamiento, Bill Bright cuenta acerca de una noche que transformó su vida en 1947. Dijo:

> Estaba en una reunión en *Forest Home Christian Conference* en California. Una querida amiga, la Dra. Henrietta Mears, directora de educación cristiana en la Primera Iglesia Presbiteriana de Hollywood, era la oradora. El Dr. Louis Evans Jr., hijo del pastor principal, y yo la acompañamos de regreso a su cabaña. Íbamos conversando y disfrutando de la camaradería, y ella nos invitó a entrar. Mientras hablábamos, el Espíritu Santo nos rodeó de pronto. Como creyente joven, no sabía mucho acerca de la persona del Espíritu Santo, ni sabía lo que me estaba ocurriendo. Entonces, me vi embriagado de gozo. El Dr. Evans dijo que era como si ascuas de fuego le recorrieran la columna vertebral.
>
> Mientras orábamos y alabábamos a Dios, el Dr. Richard Halverson entró a la cabaña de la Dra. Mears. Era un ministro presbiteriano derrotado, frustrado y sin fruto de Coalinga, California. Había venido buscando su consejo acerca de cómo abandonar el ministerio y regresar al mundo del entretenimiento de Hollywood, de dónde vino antes de convertirse.
>
> Cuando entró a la habitación, estábamos orando y nadie le dijo nada. Entonces, al instante, el Espíritu Santo lo sanó de su derrota y frustración, y su corazón se llenó de gozo y amor.
>
> En un momento, todos cambiamos. Ninguno de nosotros volvió a ser el mismo. Y Dios nos dio a cada uno grandes responsabilidades en la viña. El Dr. Evans se convirtió en un ministro presbiteriano reconocido en todo el país. Durante muchos años fue pastor de la Iglesia Presbiteriana Nacional, conocida como «la iglesia de los presidentes». El Dr. Halverson llegó a ser el capellán de la Cámara del Senado de Estados Unidos[8].

¿Y Bill Bright? Él fundó la Cruzada Estudiantil y Profesional Para Cristo, que ahora se le conoce como Cru, y se convirtió en una de las fuerzas evangelísticas más poderosas del siglo XX, que aún existe hoy en ciento noventa y un países.

Henrietta Mears no causó ese momento de avivamiento en su cabaña; el Espíritu Santo lo hizo. Sin embargo, cuando leo su biografía, noto que esos momentos sucedían cuando ella estaba presente. Cuánto quisiéramos que nuestra vida reflejara el avivamiento para animar a otros a esperar en el Señor, remontarse como las águilas, y vencer el temor, la ansiedad, el desaliento y la derrota.

Esto nos trae a nuestro pasaje y a nuestro tema, que no es la simple práctica general del discipulado, sino la clase de discipulado específico que nos renueva y nos hace réplicas de Cristo, cuya paz supera todo entendimiento.

No olvides que Pablo les escribió a los filipenses desde la cárcel, y sabía que estaban preocupados por él, y por ellos mismos, en medio de la hostilidad del Imperio romano. En realidad, estaban preocupados por la sobrevivencia del cristianismo en el mundo romano. Había oposición. Había persecución. Su héroe estaba encarcelado. Aun así, a lo largo del libro de Filipenses, Pablo estaba tranquilo. Estaba alegre. Tenía optimismo. Estaba contento. Estaba gozoso y emocionado.

Su mensaje: ¡Sean como yo! Regocíjense siempre en el Señor como lo hago yo. Que su gentileza sea conocida de todos como yo trato de hacerlo. No se olviden que el Señor está tan cerca de ustedes como de mí. Aprendan a hacer lo que hago yo: no se inquieten por nada, más bien, en toda ocasión, con oración y ruego, presenten sus peticiones a Dios y sean agradecidos. Imítenme, y consideren bien todo lo verdadero, todo lo respetable, todo lo justo, todo lo puro, todo lo amable, todo lo digno de admiración, en fin, todo lo que sea excelente o merezca elogio. Pongan en práctica lo que de mí han aprendido, recibido y oído, y lo que han visto en mí.

A fin de enterrar la preocupación antes de que la preocupación te entierre a ti, busca a otra persona con una pala en la mano, quien, por fe, ya está poniendo sus preocupaciones y ansiedades tres metros bajo tierra. Puede ser un amigo, un abuelo, un escritor, un pastor o un anciano piadoso, alguien cuyo rostro refleje la paz que necesitas. Conócelos. Aprende de esas personas. Si es posible, habla y ora con ellas. Pregúntales: «¿Cómo aprendiste a confiar en el Señor como lo haces tú?».

Y mientras sigues su ejemplo, comenzarás a ver que otros (ya sea en un barco pirata o en una cabaña en la montaña) te buscarán para recibir fortaleza en su propia vida. Así que podrás decirles: «Pongan en práctica lo que de mí han aprendido, recibido y oído, y lo que han visto en mí, y el Dios de paz estará con ustedes».

Esta es la práctica del discipulado.

PREGUNTAS PAR LA DISCUSIÓN

1. Nombra una o dos personas que hayan tenido la mayor influencia en tu vida como mentores. ¿Por qué son tan importantes y qué aprendiste de ellas?
2. Compara 2 Timoteo 2:1-2 con Juan 17:20. ¿Qué papel puedes representar en esta cadena de transmisión? ¿Cuál es la relación con Mateo 29:19?
3. Piensa en alguien, un hijo, un nieto, alumno, amigo, o aun un extraño, en quien puedas influir si tuvieras la oportunidad. ¿Quién es? ¿Puedes hacer algo para estimular el proceso? ¿Qué?

CAPÍTULO OCHO

LA PRÁCTICA DE LA PAZ

Y la paz de Dios, que sobrepasa todo entendimiento [...] cuidará sus corazones y sus pensamientos [...] y el Dios de paz estará con ustedes.

FILIPENSES 4:7, 9

El inimitable escritor puritano Thomas Watson dijo: «Si Dios es Dios [...] nos dará su paz en medio de las pruebas. Cuando ruja la tormenta afuera, nos dará la música por dentro. El mundo puede crear problemas en medio de la paz, pero Dios puede crear la paz en medio de los problemas»[1].

El príncipe de los predicadores estuvo de acuerdo. En uno de sus célebres sermones, que predicó el domingo 3 de agosto de 1890, Charles Spurgeon, de cincuenta y siete años de edad y cuarenta de cristiano, ya enfermo y dos años antes de su muerte, le dijo a su congregación que si tenían paz interior «no temerían las tormentas externas. ¿Quién no desea tal estado?».

Su texto esa mañana fue el Salmo 29:11: «El SEÑOR bendice a su pueblo con la paz». Spurgeon habló con elocuencia acerca de los pensamientos que le vinieron a la mente la noche anterior mientras meditaba en este texto:

> Cuando vi el texto anoche, me pareció un pasaje maravilloso [...] «El Señor bendice a su pueblo con la paz». Durante los últimos cuarenta años hemos disfrutado de la paz de Dios; sí, pero tenemos la promesa

de la paz para hoy. Supongamos que vivamos cuarenta años más. Tendremos la misma promesa: «El Señor bendice a su pueblo con la paz».

Me gustaría recibir un cheque de algún millonario que sea perpetuo, que diga así: «Cada vez que se presente este cheque en un banco, páguese al portador lo que pida». Pocas personas, en posesión de tal documento, dejarían de presentarse en el banco. Seríamos visitantes regulares. Oh, hijos de Dios, ese cheque lo tenemos en el texto que tenemos delante. El Señor tiene una paz infinita, sin límites dentro de sí, y cuando hemos disfrutado de esa paz con Él por un tiempo, podemos volver a Él y decirle: «Señor, renueva mi paz. Estoy turbado, pero tú eres inmutable. Bendíceme con tu paz».

Cuando eres rico [...] cuando eres pobre [...] cuando nacen tus hijos [...] si mueren [...] si te enfermas [...] cuando subes a tu dormitorio y te acuestas para no levantarte jamás, aun entonces, el Señor te bendecirá con su paz eterna; y cuando te levantes al sonido de la trompeta final, el Señor todavía te mantendrá en perfecta paz [...] El Señor bendice a su pueblo con la paz.

Llévate esta verdad al corazón, vive por ella y morarás eternamente en la presencia del Rey[2].

Según nuestro pasaje en Filipenses 4, cuando practicamos las instrucciones presentadas en los versículos 4-9, se reducirá nuestra susceptibilidad a la preocupación y vemos que afrontamos las presiones de nuestros problemas con menos pánico y más paz, la paz que sobrepasa el entendimiento. Cuando nos sintamos tentados a preocuparnos, solo tenemos que respirar profundo, cerrar los ojos por un momento, y abrirnos camino mentalmente por el pasaje, poniendo en su lugar cada elemento, versículo por versículo.

El resultado está garantizado. Si lo hacemos con regularidad, el poder de estas antiguas palabras regenerará nuestra mente como un ingeniero regenera un motor, hasta que todos los pensamientos, sentimientos y reacciones vibren de paz. De alguna manera, en su gracia infinita, Dios quita nuestros temores y los sustituye con la paz que sobrepasa todo entendimiento. Paz maravillosa. Paz perfecta. Paz multiplicada.

El concepto de una paz multiplicada fue un gran ánimo para la compositora minusválida Annie Johnston Flint. Su poema clásico «Su gracia es mayor» habla de cómo Dios multiplica la paz en medio de pruebas múltiples, y cómo Él da más gracia cuando no tenemos fuerzas ni recursos, y cuando aumenta nuestro trabajo. «Su amor no termina, su gracia no acaba, un límite no hay al poder de Jesús; pues de sus inmensas riquezas en gloria, abundan sus dones, abunda su amor», dijo[3].

Tengo una amiga, Karen Singer, cuyo tío, Hubert Mitchell, le puso música al poema «Su gracia es mayor». En la década de los treinta, Hubert fue el director musical del renombrado evangelista Paul Rader. Un día, en la oficina de un pastor, Hubert vio las palabras del poema en una placa, y movido personalmente compuso una hermosa melodía y convirtió el popular poema en un amado himno que habla de cómo Dios nos multiplica la paz.

Hubert Mitchell no solo le puso música a «Su gracia es mayor»; puso en práctica las palabras. Si la paz multiplicada de Dios puede sostenernos en nuestro país, pensó Mitchell, ¿por qué no en el extranjero? ¿Por qué no donde nos lleve Dios?

Sintiendo el llamado de Dios a Indonesia, Hubert y su esposa, Helen, partieron para la isla de Sumatra en 1935 para predicar el mensaje de la paz de Dios, y allí tuvieron aventuras increíbles. Por ejemplo, en una ocasión, Hubert y sus colegas fueron al interior de la isla para buscar a los escurridizos kubus, una tribu de aborígenes de la región. Fue un viaje riguroso por densas junglas, pero una noche llegaron a un claro y encontraron una colonia kubu.

Las mujeres y los niños de la tribu huyeron, pues nunca antes habían visto un hombre blanco. Los guerreros rodearon a los misioneros con lanzas y cerbatanas envenenadas. Entonces, cuando los misioneros les explicaron su propósito, los kubus los recibieron con afecto y llevaron a Hubert donde vivía el jefe para que pasara la noche.

A la mañana siguiente, el pueblo se reunió para escuchar lo que Hubert tenía que decirles. El misionero abrió su Biblia en indonesio en Juan 19 y comenzó a leer acerca de la muerte de Cristo. Les explicó quién era Jesús, y con calma les contó la historia de la crucifixión del Señor. En un momento, el jefe alzó la mano y preguntó: «¿Qué es una cruz?».

Hubert fue al borde del claro, cortó dos tallos grandes, les quitó las ramas, y los ató formando una cruz. Puso la cruz en el suelo y se acostó sobre ella, extendiendo los brazos a lo largo del travesaño.

—¿Pero cómo puede morir un hombre acostado sobre dos pedazos de árbol? —le preguntó el jefe.

—Lo crucificaron —dijo Hubert—, le clavaron unos clavos afilados en las manos y los pies.

—¿Qué es un clavo? —preguntó el jefe.

A Hubert le costó trabajo describir un clavo. Buscó en su morral algo que se pareciera, pero no encontró nada. Podía ver que estaba perdiendo su audiencia, y que no tenían mucho interés en la historia. Algunos comenzaron a irse. Era hora de almorzar; la reunión terminó y Hubert fue al arroyo y oró, diciendo: «Señor, por favor, dame alguna manera de explicarle a esta gente qué es un clavo».

Alguien le dio la hoja de una banana, llena de arroz y pescado seco, y luego Hubert buscó en su saco y sacó una lata de mandarinas para comer de postre. Las mandarinas, que Hubert compró en un mercado chino cercano a su base, las enlataron en Japón. Abrió la lata y vertió las mandarinas en un plato. Estaba a punto de echarla a la basura cuando escuchó un sonido dentro de la lata. Allí, de manera asombrosa, había un clavo nuevo y brillante de unos siete centímetros. Había quedado sellado de forma hermética en la lata, preservada a la perfección con las mandarinas.

«¡Miren!», gritó. «¡Esto es un clavo! Esto fue lo que usaron para clavar a Jesús en la cruz». El jefe corrió y le quitó el clavo. Sintió la punta afilada contra la palma de su mano. Cuando la tribu volvió a reunirse, Hubert continuó contando la historia de Jesús, su muerte y resurrección, y el pueblo estaba totalmente absorto con el mensaje. Comenzaron a gritar: «¡Cuán grande es el amor de Dios! ¡Cuán grande es el amor de Dios!». Uno por uno, los miembros de la tribu confesaron a Cristo como Salvador y fueron bautizados en el arroyo cercano. Estos nuevos creyentes comenzaron a ir a otras tribus con el mismo mensaje, y de esta manera el evangelio se extendió por Sumatra central.

Según la sobrina de Hubert Mitchell, Karen, que asiste a nuestra iglesia en Nashville, su historia fue una de sacrificio y estrés, pero él vivió el concepto de la paz multiplicada. El Señor le impartió gracia, una y otra y otra vez. Cuando se multiplican las tribulaciones, se multiplica la paz de Dios[4].

Me encanta la premisa de «más gracia» y «gracia multiplicada», porque es lo que más necesito. El Dios de milagros, que puede poner un clavo dentro de una lata de rodajas de mandarinas, puede poner la paz en nuestro corazón. Él no solo *añade* la paz a nuestras vidas, la clava, la aumenta, la multiplica. La respuesta de la Biblia a la preocupación y la ansiedad se escribe p-a-z.

En Filipenses 4, el Señor nos presenta esto de dos maneras: en el versículo 7 leemos acerca de la *paz de Dios*, y en el versículo 9, nos encontramos con *el Dios de paz*.

LA PAZ DE DIOS

La primera parte del pasaje habla de la paz de Dios. Revisemos Filipenses 4:4-6, y recordemos la secuencia de pensamientos en estos versículos. Para preocuparnos menos y vivir más, comenzamos de manera intencional y consciente a tomar control de nuestra perspectiva, adoptando de modo enérgico una actitud de gozo (versículo 4). Esto nos permite traer un espíritu gentil a nuestra personalidad (versículo 5). Cuando recordamos que el Señor está cerca (versículo 5), podemos orar y depositar nuestras cargas en Él en toda ocasión (versículo 6) e identificar esos elementos en nuestras circunstancias por los que podemos dar gracias (versículo 6).

Ahora, en el versículo 7, Dios nos hace una promesa. Cuando hacemos estas cosas de manera consciente y activa, tendremos resultados maravillosos. Estos hábitos producirán una realidad en nuestra vida que ninguna cantidad de dinero puede comprar, algo que ha eludido a presidentes, primeros ministros y gobernantes a través de la historia. Nos convertimos en recipientes de algo tan poderoso y penetrante que transformará para siempre nuestras vidas, personalidades, legados, todo acerca de nosotros.

> Y la paz de Dios, que sobrepasa todo entendimiento, cuidará sus corazones y sus pensamientos en Cristo Jesús.

Así como hemos estudiado Filipenses 4:4-9 de forma progresiva, analizando un versículo tras otro, del mismo modo debemos hacerlo con este versículo, considerando palabra por palabra en orden consecutivo. Las primeras palabras nos hablan del origen de la paz: «*Y la paz de Dios*». Esta clase de paz es la clase de paz de Dios, su propio volumen inexpugnable de calma. Su propia medida ilimitada de compostura: fuerte, profunda, insondable, inquebrantable, inexpugnable y basada en la esperanza eterna. Esa es la serenidad de la Trinidad, que viene del Padre, comprada por el Hijo para nosotros, instalada en nuestros corazones e inculcada en nuestras mentes por el Espíritu Santo.

Dios no tiene ni un momento de preocupación. Él mora por encima de todas las inquietudes del mundo, habitando en la eternidad y el infinito. Conoce el principio y el fin. Ninguna amenaza lo perturba, y ningún enemigo lo puede amenazar; porque Él, y solo Él, es creador, sustento y Comandante del universo y de todo lo que hay en él. Dios es quien gobierna toda la realidad, en todos sus reinos, épocas y edades, visibles o invisibles, vistos o no. Su infinito poder se mezcla con amor eterno para asegurarle a su pueblo su obstinada providencia. Él puede sustituir tus preocupaciones pasajeras con paz trascendente.

Debido a que Dios es infinito, su paz inmensurable nunca se acaba, ni mengua, sin importar cuánta se derrama. Debido a que Dios no cambia, su paz es inquebrantable. Debido a que Dios es todopoderoso, su paz es todopoderosa, capaz de derribar las fortalezas de la ansiedad en nuestra vida. Debido a que Dios es omnipresente, su paz está a nuestra disposición, en todo lugar y en toda ocasión, dondequiera que estemos. Debido a que Dios es omnisciente, su paz es astuta, intuitiva e infalible. Debido a que Dios es fiel, su paz es inalterable.

Filipenses 4:7 continúa describiéndola así: «Y la paz de Dios, que *sobrepasa todo entendimiento*».

En otras palabras, la paz de Dios desafía todo intento de describirla, analizarla, explicarla o comprenderla. Es la paz que Dios mismo posee dentro de la infinidad de sus atributos. Es la paz que fluye de sí mismo como corrientes en el mar y manantiales en el desierto, y es trascendente. Cuando conocí este pasaje, estaba usando la versión de la Biblia más antigua, la cual usa la frase «Y la paz de Dios, que sobrepuja todo entendimiento» (RVA). La palabra que usa Pablo significa «sobrepasar, trascender, exceder, ir más allá, elevarse por encima, dominar, rodear».

Usemos todos estos sinónimos y hagamos nuestra propia paráfrasis extensa del versículo: «Y la paz de Dios, que sobrepuja, sobrepasa, trasciende y va más allá de todo entendimiento humano, que sea la paz que guarde sus corazones y sus pensamientos en Cristo Jesús».

En Efesios 3:19, Pablo usa una terminología similar acerca del amor de Dios, cuando escribe que el amor de Dios «sobrepasa nuestro conocimiento». ¡Piénsalo bien! En Filipenses 4:7 tenemos la paz de Dios que sobrepasa todo entendimiento; en Efesios 3:19, tenemos el amor de Dios que sobrepasa todo conocimiento.

¡Qué regalos multiplicados de Quien ofrece más gracia!

La próxima frase en el versículo nos dice lo que esta paz increíble hace por nosotros: «Y la paz de Dios, que sobrepasa todo entendimiento, *cuidará*». La palabra que Pablo usó en el griego original es un término militar para una compañía de soldados asignada para proteger a alguien. Es una palabra que implica tener un guardaespaldas o una fuerza protectora a tu alrededor. Los servicios de seguridad hablan de crear burbujas o perímetros alrededor de sus clientes, y si el cliente es un jefe de gobierno, pueden haber perímetros protectores concéntricos a su alrededor dondequiera que vayan.

La paz de Dios no solo es una sensación agradable de bienestar o una emoción efímera. Es fuerte como un soldado, tenaz como un infante de marina, leal como un marinero y firme como un aviador. Son las fuerzas especiales de Dios, vestidas de gala como un guardaespaldas estacionado a la entrada de tus pensamientos y tus emociones (tu mente y tu corazón) para protegerte y cuidarte.

Nota cómo Pablo menciona tanto el corazón como la mente: «Y la paz de Dios, que sobrepasa todo entendimiento, cuidará *sus corazones y sus pensamientos*».

Cuando se trata de preocupación y ansiedad, ambos tienen aspectos mentales y emocionales. Es imposible trazar el límite entre los pensamientos y sentimientos, porque ambos están entretejidos como el hilo de un bordado. Aun así, sabemos por experiencia cómo la mente y el corazón soportan las preocupaciones de manera diferente. A veces tengo más problemas con una mente preocupada que cuando los problemas vienen de repente y tratan de dominar mis pensamientos. En otras ocasiones, los nervios están tensos, y experimento sensaciones de inquietud, aun cuando la mente trata de encontrar el origen de mi preocupación. Mis pensamientos me dan dolor de cabeza, y mis sentimientos me dan dolor de estómago.

Por eso es que la paz de Dios manda dos compañías de soldados para ayudar: una para tranquilizarnos la mente con la verdad, y la otra para cuidar nuestras emociones con confianza. J.B. Phillips lo traduce así: «La paz de Dios, que trasciende todo entendimiento humano, mantendrá una guardia constante sobre sus corazones y sus mentes mientras descansan en Cristo Jesús».

En un capítulo previo, sugerí que Pablo sacó los principios de Filipenses 4 de su propio estudio de las Escrituras hebreas, el Antiguo Testamento. Aquí está otro ejemplo: Filipenses 4:7 tiene sus raíces en Isaías 26:3-4 que dice: «Al de carácter firme guardarás en perfecta paz, porque en ti confía. Confíen en el SEÑOR para siempre, porque el SEÑOR es una Roca eterna».

Nota el paralelo entre Isaías 26:3-4 y Filipenses 4:7. Dios mismo es nuestra fuente de paz *(shalom, shalom)*, una paz que va más allá de todo entendimiento humano. De igual manera, en Isaías 26, la palabra *guardarás* implica la idea de una guardia militar estacionada alrededor de una mente firme, la mente que permanece en Jehová y está fundada sobre la Roca inmutable de los siglos.

Más tarde, Isaías comparó la paz de Dios a un río que fluye a través del alma (Isaías 66:12), y la autora de himnos Frances Havergal combinó ambas imágenes para darnos un cuadro visual de la paz de Dios:

> *Como un río glorioso es la paz de Dios,*
> *Siempre victoriosa, en aumento va;*
> *Perfecta, y a diario fluye siempre más,*
> *Perfecta, y a diario crece siempre más.*
> *Y los corazones que en Jehová descansan,*
> *Bendición encuentran, y perfecta paz*[5].

La segunda estrofa es para mí más especial, donde dice que cuando estamos escondidos en la mano perfecta de Dios, ningún enemigo puede seguirnos, ni ningún traidor puede prevalecer.

> *Ni una oleada de miedo o preocupación,*
> *Ni ráfaga de prisa, mi alma tocarán*[6].

Esto nos trae a la última frase de Filipenses 4:7: «Y la paz de Dios, que sobrepasa todo entendimiento, cuidará sus corazones y sus pensamientos en Cristo Jesús». Cuando estudiamos este tema de la paz a través de la Biblia, el hecho más constante es su conexión con Jesucristo. Hace años esto fue popular en las iglesias con el eslogan «Conoce a Cristo, conoce la paz; sin Cristo, no hay paz». Quizá la fraseología sea trivial, pero la verdad es ineludible cuando uno estudia el tema de la paz en las Escrituras.

- En Isaías 9:6, al Mesías se le conoce como el «Príncipe de Paz».
- En Isaías 53:5 leemos: «Él fue traspasado por nuestras rebeliones, y molido por nuestras iniquidades; sobre él recayó el castigo, precio de nuestra paz».
- Cuando Jesús nació en Belén, los ángeles proclamaron: «En la tierra, paz» (Lucas 2:14).

- El libro de los Hechos dice que el mensaje del evangelio es «buenas nuevas de la paz por medio de Jesucristo» (Hechos 10:36).
- Romanos 5:1 dice: «En consecuencia, ya que hemos sido justificados mediante la fe, tenemos paz con Dios por medio de nuestro Señor Jesucristo».
- Efesios 2:14 dice: «Porque Cristo es nuestra paz».

Además, Jesús dijo en Juan 14:27: «La paz les dejo; mi paz les doy. Yo no se la doy a ustedes como la da el mundo. No se angustien ni se acobarden». Estas fueron unas de las últimas cosas que Jesús les dijo a sus discípulos cuando se reunieron en el aposento alto en la víspera de la crucifixión. Él les dio su última voluntad y testamento.

¿Cuántas veces hemos visto programas de televisión donde las familias se reúnen para la lectura del testamento de un familiar? Esperamos en suspenso para ver quiénes serán los millonarios y quiénes los pobres. En Juan 14:27, Jesús dio su testamento. No tenía propiedades ni casas que dejar; ni siquiera tenía una almohada donde recostar su cabeza. No tenía dinero; Judas Iscariote se había fugado con su último siclo. No podía dejarles su ropa; sus ejecutores se la jugarían entre sí. No obstante, tenía una cosa que dejarles a sus discípulos: su paz perfecta, trascendente e indudable.

¡Qué trágico es cuando no reclamamos nuestra herencia! Cuando vivimos llenos de ansiedad o preocupándonos sin control, cuando Jesucristo, en las últimas horas de su vida, nos dio el legado de su propia paz. Nada puede traer más beneficios al corazón y la mente como memorizar Juan 14:27, junto con Filipenses 4:4-6. Apréndete bien estos versículos y medita en ellos a menudo, a fin de que el Espíritu Santo pueda traértelos a la mente y aplicártelos al corazón durante esos momentos difíciles que trae la vida.

Tuve un amigo en la universidad llamado Scott Burlingame. Se casó con una maravillosa mujer llamada Joyce, y los dos dedicaron sus vidas al ministerio. Mientras Scott servía de pastor en Columbia, Carolina del Sur, fue diagnosticado de cáncer, y las noticias fueron de mal en peor. La enfermedad de Scott era terminal. Durante los meses que duró esta jornada, Joyce mantenía al tanto a sus amistades que oraban, y en sus actualizaciones podían leerse como las entradas de un diario. Después de la muerte de Scott, Joyce los compiló en un libro que llamó: *Living with Death, Dying with Life*. Esta es una de sus entradas con fecha del 17 de enero de 2011:

> Son días difíciles en verdad. Aunque Scott puede comer un poco, no es mucho. Trato de añadir nuevos alimentos con cuidado, pero descubro que volvemos a donde comenzamos. Beber suficiente líquido también es un problema [...] hasta el agua se le hace difícil. Lo que parece resultar mejor es una mezcla de agua con Gatorade. Está muy débil, y lo tengo que ayudar a hacer casi todo lo que, hace solo unos meses, nos parecía rutinario.
>
> He tenido que comprarle ropa nueva dos veces [...] Ayer vinieron a visitarme los del hospicio por primera vez [...] Ahora mismo, las cosas son bien difíciles. Me siento como si los anfitriones del infierno se desataran contra nosotros para traernos preocupación, frustración, confusión, y para tratar de que dudemos de todo lo que creemos. No obstante, como dicen las palabras de la vieja canción: «Cristo ha visto nuestra condición, y derramó su sangre por nuestras almas». En Él vivimos y nos movemos, y somos, y podemos resistir los ataques del enemigo. Detrás de la angustia está la profunda paz de Dios que sobrepasa todo entendimiento[7].

La paz de Dios no es la ausencia de conflicto ni la inexistencia de los problemas. Es la corriente del Golfo de su gracia por debajo de la superficie de la vida. Nos aferramos a la paz trascendente del Dios de paz, que puede estabilizar nuestros pensamientos y emociones en toda situación. Esa es la promesa blindada de Dios para los que ponen en práctica Filipenses 4:4-6. El versículo 7 dice: «Y la paz de Dios, que sobrepasa todo entendimiento, cuidará sus corazones y sus pensamientos en Cristo Jesús».

EL DIOS DE PAZ

Sin embargo, el Señor no se detiene ahí. El pasaje se desarrolla, progresa y se eleva aún más por encima mientras continuamos. El versículo 8, como vimos, continúa: « «Por último, hermanos, consideren bien todo lo verdadero [...] respetable [...] justo [...] puro [...] amable [...] digno de admiración [...] excelente [...] merezca elogio». Y el versículo 9 nos trae otra promesa, una aún mayor que la promesa de la paz de Dios: «Pongan en práctica lo que de mí han aprendido, recibido y oído, y lo que han visto en mí, *y el Dios de paz estará con ustedes*».

Lo único mejor que *la paz de Dios* es *el Dios de paz*, que nos promete estar con nosotros para siempre. Esto nos trae de nuevo al versículo 5: «El Señor está cerca [...] el Dios de paz estará con ustedes». ¡Imagínate! Tener la paz de Dios dentro de ti, y el Dios de paz junto a ti.

Quizá notarás durante esta excursión a través de Filipenses 4:4-9 que es como subir dos cumbres. El camino de Filipenses 4:4-7 te lleva cada vez más alto hasta llegar al mirador de la paz de Dios. Luego, comenzamos de nuevo con el versículo 8, y ascendemos a una cumbre aún más alta en el versículo 9 con el Dios de paz. Podemos trazarlo así:

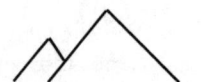

PRIMERA CUMBRE
Versículos 4-7

- Regocíjense siempre;
- Sean gentiles;
- Recuerden que el Señor está cerca;
- No se preocupen;
- Oren en toda ocasión;
- *con acción de gracias*;

La paz de Dios cuidará sus corazones y sus pensamientos en Cristo Jesús.

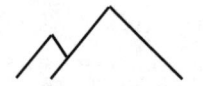

SEGUNDA CUMBRE
Versículos 8-9

- Todo lo verdadero, respetable, justo, puro, amable, admirable, digno de admiración, excelente, merezca elogio;
- Pongan en práctica *lo que han aprendido de otros*;

El Dios de paz estará con ustedes.

A través de toda la Biblia, vemos a Dios como el Dios de paz siempre presente. Por ejemplo, hay una historia interesante en el libro de los Jueces. Cuando el Señor se le apareció a Gedeón para comisionarlo para su obra, Gedeón se alarmó. Se dio cuenta que había visto al ángel de Dios, que era como ver a Dios mismo, y se agitó. Pensaba que iba a morir. En cambio, el Señor le habló en voz alta y le dijo: «¡Quédate tranquilo! No temas. No vas a morir» (Jueces 6:23). Luego, Jueces 6:24 dice: «Entonces Gedeón construyó allí un altar al Señor, y lo llamó: El Señor es la paz».

Una traducción más literal de esto es «Jehová Shalom», o «Yahvé Shalom», y es uno de los grandes nombres bíblicos de Dios: el Señor es paz. Ese es uno de sus muchos títulos en la Escritura.

La bendición sacerdotal en Números 6 dice: «El Señor te muestre su favor y te conceda la paz» (v. 26). Igual es la bendición al final de 2 Tesalonicenses: «Que el Señor de paz les conceda su paz siempre y en todas las circunstancias. El Señor sea con todos ustedes» (3:16).

De igual manera, 1 Tesalonicenses 5:23 dice: «Que Dios mismo, el Dios de paz, los santifique por completo». Si el Dios de la paz nos santifica de principio a fin, nos hace crecer, nos desarrolla y nos hace más espirituales y más santos, solo tiene sentido que experimentemos más de su paz durante todo el proceso.

En este capítulo cité muchos versículos, y cuando los juntamos todos, tenemos una reserva de la Escritura que refuerzan las verdades gemelas de Filipenses 4 acerca de la paz de Dios y el Dios de paz. Revisémoslos una vez más, y a medida que los leas, quizá puedas marcar los que te hablan más que otros. Hacerlo te ayudará a comenzar la práctica de la paz hoy:

- «Tú guardarás en completa paz a aquel cuyo pensamiento en ti persevera; porque en ti ha confiado».
- «Construyó allí un altar al Señor, y lo llamó: El Señor es la paz».
- «La paz les dejo; mi paz les doy. Yo no se la doy a ustedes como la da el mundo. No se angustien ni se acobarden».

- «En consecuencia, ya que hemos sido justificados mediante la fe, tenemos paz con Dios por medio de nuestro Señor Jesucristo».
- «Él fue traspasado por nuestras rebeliones, y molido por nuestras iniquidades; sobre él recayó el castigo, precio de nuestra paz».
- «Porque Cristo es nuestra paz».
- «Yo les he dicho estas cosas para que en mí hallen paz. En este mundo afrontarán aflicciones, pero ¡anímense! Yo he vencido al mundo».
- «Los que aman tu ley viven en completa paz, porque saben que no tropezarán».
- «Que el Señor de paz les conceda su paz siempre».
- «Que Dios mismo, el Dios de paz, los santifique por completo».

Familiarízate con estos versículos y recuérdalos con frecuencia si te sientes culpable cada vez que un rayo de paz te atraviesa el corazón y despeja una nube de ansiedad. A veces pienso: *Si tengo paz mental, debo estar loco. Tengo la responsabilidad de preocuparme; ¿y cómo puedo, en plena conciencia, andar, como dijera Havergal, sin una oleada de miedo o preocupación, ni ráfaga de prisa? Necesito la adrenalina de la ansiedad para resolver esta crisis.*

La paz bíblica no es una actitud leve, ligera ni frívola. Toma la vida en serio, y es consciente de la gravedad de la situación. Entonces, cuando la paz gobierna en el corazón, el alma está anclada en las tormentas. Lo que necesitamos no es la adrenalina de la ansiedad, sino el Príncipe de Paz. La paz y la fortaleza son hermanas; son gemelas. El Salmo 29:11 dice: «El Señor fortalece a su pueblo; el Señor bendice a su pueblo con la paz».

Fíjate en las palabras «su pueblo». Nuestra paz depende de tener una relación con Dios por medio de Jesucristo. La frase más importante en Filipenses 4:4-9 se compone de las tres palabras al final del versículo 7: «en Cristo Jesús». Esta fue la línea de la firma de Pablo. Al leer sus cartas en el Nuevo Testamento, vemos esta frase una y otra vez: ¡en Cristo, en Cristo, en Cristo! Todas nuestras bendiciones están en Él. Toda nuestra esperanza está en Él. Toda nuestra paz está en Él, y Él es nuestra vida misma. «Y la paz de Dios, que sobrepasa todo entendimiento, cuidará sus corazones y sus pensamientos en Cristo Jesús».

Hace poco, tuve la oportunidad de hablar en una reunión cristiana en Interlaken, Suiza. Después de la segunda o tercera noche, noté una señora de edad avanzada en la segunda fila que escuchaba el mensaje con mucha atención. A la noche siguiente, fui a hablar con ella. Poco después, alguien me preguntó:

—¿Sabes quién era la señora con quién hablabas?

—No, no la conozco.

—Es la última superviviente del cuerpo secreto de espías de Winston Churchill —dijo mi amigo.

Durante la Segunda Guerra Mundial, Churchill pasó por alto el servicio de inteligencia británico MI6, y reclutó en secreto un ejército de espías que operaba directamente bajo su autoridad. Eran ante todo saboteadores. Pocas personas en el gobierno sabían de su existencia, pero en su apogeo, había alrededor de trece mil personas involucradas. Este nido de espías tenía su sede en un edificio en la calle Baker, por eso a veces les llamaban los Irregulares de la calle Baker.

Esta mujer, Noreen Riols, era la última.

La noche siguiente después del culto, le pregunté si podía hablar con ella. Fue muy amable y estaba dispuesta a conversar. Me dijo que por sesenta años después de la guerra, no se le había permitido hablar de lo que hizo. Hasta el año 2000, el gobierno británico mantuvo como un secreto de estado la existencia del ejército de espías de Churchill. Ni siquiera su madre supo nunca la verdad, y pensaba que durante la guerra, Noreen trabajaba en el Ministerio de Pesca y Agricultura.

Cuando en el año 2000 se desclasificaron los archivos oficiales, Noreen, por fin, pudo hablar acerca de sus experiencias. Era la única adolescente cuando la reclutaron, y trabajaba en suelo británico entrenando y apoyando a los saboteadores. Se enamoró de uno de los agentes secretos. «Era un hombre valiente», me dijo. «Estaba a punto de salir a una misión peligrosa y dijeron que solo él podía llevarla a cabo. Si alguien puede, él puede. Sin embargo, era muy conocido. Nunca debió haber ido. Me prometió que sería su última misión, de veras, la última. En cambio, no regresó».

Todo lo que tenía de él era una fotografía que guardaba en la parte de atrás de su billetera, hasta que se la robaron; y ya no tuvo nada más de él.

Al terminar la guerra, dijo, fue difícil volver a la vida normal. Estaba desempleada, y no podía contarle a nadie lo que había hecho. Fue una transición difícil, y con el correr del tiempo cayó en la depresión. A los cuarenta años tuvo un aborto que, según me dijo, fue el clímax de la situación. «Caí en una depresión terrible, terrible. Estuve internada dos veces en un hospital psiquiátrico, y estaba a punto de volver por tercera vez. Entonces, me dije: "No. No volveré". Algunos amigos vinieron y me dijeron que los medicamentos no me estaban ayudando, y yo los tomaba cada vez más».

Los amigos de Noreen oraban fervientemente por ella, y esta aceptó dejarlos orar. Aun así, siguieron lo que ella llamaba «los terribles meses grises, de miserias y tinieblas [...] Llegué al final de mí misma; y cuando se llega al final de uno mismo, no hay otro lugar a donde ir, ¿verdad? Era suicida, por cierto. Fue horrible».

Entonces, por medio del testimonio de sus amigos, llegó al conocimiento del Señor y encontró a Jesucristo como su Salvador. Fue aquí que todo cambió. «Él me dio la paz, que era algo que no había tenido por largo tiempo», dijo, «y poco a poco la vida fue hermosa de nuevo»[8]. Durante muchos años, ha asistido fielmente a conferencias bíblicas, y ha crecido en su amor por las Escrituras y la paz que le brindan por medio de Cristo. Por eso es que había venido a Interlaken, y así fue cómo la conocí.

Jesús resumió todo esto en Juan 16:33: «Yo les he dicho estas cosas para que en mí hallen paz. En este mundo afrontarán aflicciones, pero ¡anímense! Yo he vencido al mundo». Y un versículo más, el Salmo 119:165 dice: «Los que aman tu ley viven en completa paz, porque saben que no tropezarán» (RVC).

Esta es la experiencia cristiana normal, vivir cuidados las veinticuatro horas por la paz de Dios, y caminar en todo momento con el Dios de paz.

Si estás atravesando momentos difíciles en tu vida, no es mi intención disuadirte de buscar consejería o ayuda médica. Como dije en el prefacio, muchas personas dotadas pueden ayudarnos a hacerle frente a las batallas de la vida, y le doy gracias a Dios por los profesionales que vienen y nos traen apoyo, terapia, conocimiento médico y recursos psicológicos. Sin embargo, sabemos que la mejor ayuda del mundo se acentuará en gran medida por la verdad de Filipenses 4, pero disminuirá sin la práctica regular de los hábitos que encontramos en estos antiguos versículos.

Ya has vivido en ansiedad por demasiado tiempo. Deja que el Señor Jesús tome el control total de tu vida, y de tus problemas y preocupaciones, todos en general. Regocíjate en Él. Sé gentil. Practica su cercanía. No te preocupes por nada, ora por todo. Busca por qué dar gracias. Medita en la Palabra de Dios. Aprende de otros y sigue el ejemplo de los que confían a plenitud en Dios.

Poco a poco, la vida será hermosa de nuevo, y la paz de Dios cuidará tus pensamientos y emociones, una paz que sobrepasa todo entendimiento. Una paz maravillosa, perfecta, multiplicada. Porque el Señor fortalece a su pueblo; Él bendice a su pueblo con la paz.

PREGUNTAS PARA LA DISCUSIÓN

1. Lee el Salmo 23. ¿Cuál de estos versículos describen una escena de paz? ¿Qué tienen los verdes pastos y las tranquilas aguas del versículo 2? ¿Y qué me dices de los valles tenebrosos del versículo 4? ¿Hay la misma paz que sobrepasa todo entendimiento en el versículo 4 como en el versículo 2? ¿Qué nos dice esto acerca de la paz de Dios?
2. Según el Salmo 29:10-11, ¿qué beneficios vienen del trono celestial de Dios? ¿Cuál es la relación entre estos beneficios y los grandes regalos? ¿Cómo uno lleva a lo otro?

3. Fíjate de nuevo en las tres palabras en Filipenses 4:7: «Y la paz de Dios, que sobrepasa todo entendimiento, cuidará sus corazones y sus pensamientos *en Cristo Jesús*». Asegúrate de haberle entregado tu vida a Él, confesando tus pecados, recibiéndolo como Salvador y reconociéndolo como Señor. Este es el comienzo de la vida que entierra la preocupación en la tumba vacía de Jesús. Si no estás seguro de tu relación con Dios, haz esta sencilla oración y continúa por las verdades que aprendiste en este capítulo:

Querido Dios:
Sé que me amas y creo que Cristo murió para darme paz contigo y la paz interior en mi corazón. Te confieso mis pecados. Con tu ayuda, me alejaré de ellos. Aquí y ahora recibo a Jesucristo como mi Salvador y Señor. Gracias por este momento.
En el nombre de Jesús, amén.

CONCLUSIÓN

«¡NO TE PREOCUPES!»

Cuando pasé unos días con mis amigos Reese y Linda Kauffman en su casa en Telluride, Colorado, estaba trabajando en un proyecto. Una tarde, Reese sugirió que exploráramos algunos de los antiguos senderos mineros en las Montañas Rocosas en su vehículo todoterreno. Cuando estábamos a punto de salir, empezó a tronar y vi un rayo caer sobre un árbol del otro lado del valle, que levantó una columna de humo. Linda y yo nos miramos y dije: «Reese, ¿estás seguro que podemos salir con este tiempo?».

Reese me dijo: «¡No te preocupes!». Así que salimos en su camioneta a un sendero remoto donde bajamos su vehículo todoterreno al aire libre y comenzamos la ruta hacia los viejos senderos mineros a lo largo de curvas estrechas y barrancos, cada vez más altos, hasta que cruzamos un paso de montaña a unos cuatro mil trescientos metros. En el camino, el tiempo empeoró, y cuando alcanzamos las alturas mayores, nos encontramos en medio de una tormenta eléctrica.

Reese sacó un par de ponchos, y me dio uno. Reese es intrépido, pero yo no, así que le dije: «Reese, ¿estamos seguros en este aparato?». A él no le gustó que le llamara aparato a su vehículo, pero no le dio importancia, miró la tormenta y dijo: «No te preocupes».

En cambio, sí me preocupé y con un sentimiento de presagio. Los truenos y los relámpagos nos rodeaban, y nos bombardeaban la lluvia y los granizos. El cielo retumbaba como una bolera. Dije: «Reese, sé que si una persona está dentro de un automóvil en una tormenta, las ruedas sirven de aislamiento térmico. Al menos, eso me han dicho. Aun así, siempre he procurado estar bajo techo. ¿Cómo puede protegernos un vehículo como este sin techo ni nada? ¿Crees que estamos seguros?».

Reese se encogió de hombros y dijo: «No te preocupes». Creo que también mencionó algo acerca del Señor protegiéndonos, pero lo apagó el sonido de un trueno y no oí mucho de esa parte. Miré a mi alrededor buscando un peñón o una grieta, pero no había nada cercano. Le dije a Reese que no pensaba que estábamos muy seguros en la tormenta. ¿Y si nos golpeaba un rayo? Estábamos en un lugar remoto donde nadie nos encontraría. El aire era ligero, el tiempo empeoraba y la tormenta se acercaba.

Reese se viró hacia mí, sus ojos azules tenían un tono frío que nunca antes había visto, y me dijo con calma y de manera deliberada, como un padre enseñando a un hijo: «¡No te preocupes!».

Decidí no preocuparme. Me puse el poncho, me así del borde del asiento y me entregué a lo que pasara. Desde luego, la tormenta pasó y se llevó algunas nubes. El sol salió y el paisaje era fabuloso. Para entonces, ya era tarde y tuve que librar otra batalla mientras Reese se apresuraba bajando las montañas a una velocidad vertiginosa, haciendo la última mitad a oscuras por los peligrosos caminos y peñascos, y la temperatura bajando por minutos. Para entonces estaba demasiado cansado y tenía demasiado frío para... bueno, preocuparme.

Más tarde, conté la historia en un evento donde Reese estaba presente, y unas semanas después recibí un paquete por correo. Era una camisa polo de Reese, bordada con las palabras: «No te preocupes».

No pretendo comparar a Reese Kauffman con la voz en el monte Sinaí, pero desde entonces, muy a menudo las escucho haciendo eco en los oídos cuando me encuentro atravesando las tormentas de la vida: «No te preocupes». Después de todo, eso es lo que el Señor nos dice en Filipenses 4, y hace falta una verdadera disciplina espiritual para responder en fe: «No se preocupen por nada, en cambio, oren por todo» (Filipenses 4:6, NTV).

No es un mensaje cualquiera. Los peligros son reales, las tormentas son intensas, y desde el punto de vista humano, hay motivo de alarma. Sin embargo, Dios no habla como humano. Él habla como divino, y sus palabras vienen respaldadas por su autoridad. Imagínate que Dios te las dijera con voz audible la próxima vez que el estómago

CONCLUSIÓN

se te revuelva, que los músculos se te paralicen, que la respiración se agite y sientas que una ola de preocupación pasa sobre ti. El Señor todavía nos habla en esa voz apacible que nos susurra: «No te preocupes. No te preocupes por nada».

Recuerda, la clave no es evitar por completo un ataque de ansiedad. Aun cuando haya memorizado Filipenses 4:4-9 y haya meditado en este pasaje una y otra vez, no puedo estar seguro de que nunca más volveré a caer en el foso de la ansiedad. Estoy seguro que sí, y es probable que pronto. Para mí, la preocupación viene con tanta naturalidad como la respiración. Sin embargo, estoy decidido a usar este pasaje como la base para la victoria.

Con el tiempo y la madurez, aprenderemos a lidiar con más rapidez con los súbitos ataques de ansiedad, y el verdadero secreto para enterrar la preocupación es aprender a movilizar las verdades de Filipenses 4:4-9 por instinto, cuando llegan esos momentos. Piensa en los versículos como un escuadrón de aviones de guerra listos para el combate, listos para deportarlos a la menor provocación. Es así que aprendemos a usarlos.

El apóstol Pablo se esmera en decir que es un proceso de aprendizaje. Unos versículos después, en Filipenses 4:11-13 añade: «He aprendido a estar satisfecho en cualquier situación [...] He aprendido a vivir en todas y cada una de las circunstancias [...] Todo lo puedo en Cristo que me fortalece».

Luego termina el pasaje diciendo: «Mi Dios suplirá todo lo que les falte, conforme a sus riquezas en gloria en Cristo Jesús. A nuestro Dios y Padre sea la gloria, por los siglos de los siglos. Amén (Filipenses 4:19-20, RVC).

Y esa es nuestra gran meta, no solo preocuparnos menos y vivir más, sino hacerlo para glorificar a Dios, que promete suplir todo lo que nos falta conforme a sus riquezas en gloria.

Si leíste alguno de mis otros libros, sabes que tengo gran aprecio por los grandes himnos de la fe cristiana. La serie *My Then Sings My Soul* [Mi corazón entona] habla de las maravillosas historias detrás de muchos de estos himnos. Me gustaría terminar este capítulo contando la historia de un himno que no está en mis otros libros. Se trata del pastor Warren Cornell, un clérigo metodista episcopal que trabajó desde Wisconsin hasta Texas en el siglo XIX.

En 1889, Cornell formó parte de reuniones evangelísticas cerca de West Bend, Indiana, y un día estaba especialmente pensativo e introspectivo. Quizá batallara contra la ansiedad y el desaliento. Sentado en la carpa donde se hacían las reuniones, escribió unas palabras en un folleto de publicidad. Entonces, al salir de la carpa, se le cayó el papel. Una o dos horas después, uno de los músicos, William G. Cooper, entró, vio el papel y lo recogió. Al leer las palabras, Cooper se dio cuenta que Cornell había estado tratando de escribir un poema acerca de la paz de Dios. Cooper se sintió conmovido por las líneas fragmentadas. Las rellenó con otras palabras y pensamientos hasta que tuvo un poema completo, y entonces les puso música.

Poco después, Cornell y Cooper publicaron su himno, «Paz, paz, cuán dulce paz», por unos cinco dólares. El himno se convirtió en uno de los cánticos más amados del siglo XX, un siglo plagado por la gran depresión, dos guerras mundiales y la lucha por los derechos civiles. Sobre todo, fue popular en las iglesias afroamericanas, y de alguna forma unía a la gente. Se cantaba a menudo en la iglesia donde me crie, y recuerdo que mi madre lo entonaba cuando era niño. Como tiene un lugar tan querido en mi corazón, quise dejártelo como una oración para cuando implementemos las verdades de Filipenses 4.

Que Dios te bendiga con su maravillosa paz que sobrepasa todo entendimiento.

> *En el seno de mi alma una dulce quietud*
> *Se difunde inundando mi ser,*
> *Una calma infinita que solo podrán*
> *Los amados de Dios comprender.*
>
> *¡Paz!, ¡paz!, ¡cuán dulce paz!*
> *Es aquella que el Padre me da;*
> *Yo le ruego que inunde por siempre mi ser,*
> *En sus ondas de amor celestial*[1].

UN PENSAMIENTO PARA TERMINAR

*Una lectura alternativa de Filipenses 4:4-9 de la
Versión Diaria del Diablo (VDD)*

Duden siempre del Señor. Insisto: ¡Duden! Que su impaciencia sea evidente a todos. El Señor los ha abandonado. Inquiétense por todo; más bien, en toda ocasión, con miseria y desconfianza, aprieten su puño contra Dios. Y el peso del mundo, que sobrepasa todo entendimiento, les agarrará el corazón y la mente, mientras se alejan de Cristo Jesús.

Por último, hermanos, consideren bien todo lo fastidioso, perturbador, alarmante, amenazador, todo lo triste y terrible, todo lo que sea inquietante y desconcertante.

Ignoren todo lo que de mí han aprendido, recibido y oído, y lo que han visto en mí. Y el Dios de paz los eludirá[1].

OTRO PENSAMIENTO PARA TERMINAR

Cómo enterrar la preocupación

Filipenses 4:4-9

Regocíjense en toda circunstancia,
Sean gentiles; Dios está cerca.
En toda ocasión,
Niéguense a vivir en temor.
Más bien, oren. Con un corazón confiado
traten la gratitud y la alabanza,
pues Dios ha prometido impartirles
su paz todos los días.
Piensen en Él en medio de la prisa;
sigan a los héroes que son fieles,
y podrán aprender a enterrar la preocupación...
antes de que la preocupación les entierre a ustedes.

Robert J. Morgan

RECONOCIMIENTOS

No he vuelto a leer este manuscrito para contar todos los versículos bíblicos que usé, pero son las únicas palabras infalibles en estas páginas. ¡Quiero comenzar reconociendo con mi más profunda gratitud el privilegio que Dios nos ha dado de poder ser estudiantes de por vida de su Palabra!

El Señor también me ha bendecido con una esposa que no se preocupa tanto como yo. La robusta fe en el Señor de Katrina ha anclado nuestro matrimonio y me ha ayudado a través de las rachas más difíciles de la vida. También los dos hemos sido bendecidos con tres queridísimas hijas: Victoria, Hannah y Grace... y sus maravillosas familias. Los amo por soportarnos tanto a mí como a las fechas de entrega del trabajo.

También me complace trabajar con Matt Baugher, de Harper Collins Christian Publishing, y con Daisy Hutton y su increíble grupo de W Publishing Group, incluyendo mi editora, Paula Major. Son los mejores de la industria, y como sé por experiencia, su meta más alta es avanzar en el mensaje del Evangelio.

Sealy y Matt Yates, mis agentes literarios, son un equipo de padre e hijo, a quienes agradezco por representarme con visión aguda y servicio incansable. Y a Sherry Anderson, Casey Pontious y la congregación de Donelson Fellowship en Nashville, donde nacieron estos capítulos como simples sermones.

Y a lectores fieles como tú, sin los que los escritores como yo seríamos inútiles.

¡Gracias!

GUÍA DE ESTUDIO PARA USO PERSONAL O EN GRUPO

DIEZ LECCIONES

Este estudio usa la Nueva Versión Internacional y la Reina Valera Contemporánea, pero puede adaptarse a otras traducciones de la Biblia.

¡BIENVENIDO A NUESTRO ESTUDIO!

Todo el que ha leído los libros de Robert J. Morgan sabe que están repletos de Escritura. Robert cree que es por las líneas de la Escritura que fluye la electricidad entre el cielo y la tierra, entre Dios y nosotros. Salmo 119:130 dice: «La exposición de tus palabras nos da luz».

Esta guía de estudio está diseñada para llevarte más profundamente a los maravillosos pasajes de la Biblia sobre cómo combatir la preocupación y cultivar la paz en la mente y el corazón. Todo lo que necesitas es una Biblia abierta y un lápiz. Visita www.robertjmorgan.com/worry-less y descarga una copia gratis de esta guía de estudio.

Después de leer un capítulo en el libro del Dr. Morgan, *Preocúpate menos, vive más*, profundiza en su contenido, bien sea a solas o con un grupo, usando las preguntas que siguen, las respuestas, las Escrituras y las enseñanzas. Cada lección está dividida en tres secciones: *Para comenzar*, que introduce el tema; *Profundiza*, que te lleva más profundo en la Escritura; y *Sigue adelante*, que te provee aplicaciones prácticas. Las nueve lecciones de este libro corresponden a los ocho capítulos de *Preocúpate menos, vive más*, más una lección de introducción basadas en el prefacio y la introducción del libro. Puedes añadir una décima lección dedicándola a testimonios y comunión, y preparando un devocional o una lección sobre la última mitad de Filipenses 4, con énfasis en Filipenses 4:10-20.

Si deseas más recursos, visita www.robertjmorgan.com.

Que Dios te bendiga en este estudio. Comencemos con una oración:

Querido Padre:
Si pudieras hacer conmigo todo lo que quieras y pudieras hacer tu voluntad en mi vida, no tendría que preocuparme por nada, sino que tuviera completa confianza en tu control absoluto de todas las cosas, grandes y pequeñas, en mí. Sin embargo, Señor, no he llegado ahí todavía, así que te pido que me abras tu Palabra, y que abras mi mente a tu Palabra. Que cada versículo, cada pregunta, y cada enseñanza sean un peldaño más para llegar a preocuparme menos y vivir más. Que tu pasaje contra la ansiedad en Filipenses 4:4-9 sea un ejemplo para mí como nunca antes, y ayúdame a compartir los secretos con otros. Oro con acción de gracias, en el nombre de Cristo Jesús. Amén.

LECCIÓN DE INTRODUCCIÓN

Basado en el prefacio y la introducción de *Preocúpate menos, vive más*

Para comenzar

¿Cuánto te preocupas? En una escala del uno al diez, si diez es más alto, ¿cuál es tu índice de ansiedad?

¿Te preocupas a cada momento o en ocasiones?

¿Luchas con ataques de pánico o trastorno de estrés postraumático (TEPT)?

GUÍA DE ESTUDIO

¿Qué es lo que más te preocupa en este momento?

¿Alguien cercano a ti tiene problemas de ansiedad? ¿Cómo le afecta? ¿Cómo te afecta a ti?

Profundiza

Lee 2 Corintios 2:2-11 y 7:5-7. ¿Estás de acuerdo que el apóstol Pablo era inquieto y propenso a la ansiedad?

Si Pablo, como estudiante del Antiguo Testamento, te hubiera pedido ayuda para ayudarlo a lidiar con sus preocupaciones, ¿le hubieras podido sugerir algunos pasajes? Imagínate que estás aconsejando a Pablo. ¿Dónde le hubieras sugerido ir en el Antiguo Testamento para recibir consuelo y fortaleza? Mira estas posibilidades:

- Josué 1:7-9
- Salmo 4
- Isaías 40:27-31

Lee Filipenses 4:4-9 debajo. Con un lápiz o un bolígrafo, dibuja una barra después de cada punto y observa cómo el pasaje se divide en nueve oraciones. Ahora encierra en un círculo los dos casos de la palabra *paz*. Con tu lápiz o bolígrafo, haz otras notas, círculos, subraya, encasilla, marca o sombrea, que indiquen observaciones interesantes que te vengan a la mente a medida que lees este pasaje una y otra vez. Ten en cuenta y subraya los verbos que representan las órdenes o los mandatos dados.

Alégrense siempre en el Señor. Insisto: ¡Alégrense! Que su amabilidad sea evidente a todos. El Señor está cerca. No se inquieten por nada; más bien, en toda ocasión, con oración y ruego, presenten sus peticiones a Dios y denle gracias. Y la paz de Dios, que sobrepasa todo entendimiento, cuidará sus corazones y sus pensamientos en Cristo Jesús. Por último, hermanos, consideren bien todo lo verdadero, todo lo respetable, todo lo justo, todo lo puro, todo lo amable, todo lo digno de admiración, en fin, todo lo que sea excelente o merezca elogio. Pongan en práctica lo que de mí han aprendido, recibido y oído, y lo que han visto en mí, y el Dios de paz estará con ustedes.

¿Qué más pudiste aprender mientras analizabas este pasaje?

Ahora busca 2 Tesalonicenses 3:16. ¿En qué se parece o se diferencia este versículo a Filipenses 4:4-9?

Sigue adelante

Esta lección examinó muchos pasajes alentadores de la Escritura. Escoge una frase de uno de los versículos que viste, y escríbela aquí:

¿Por qué te habla esta frase tan profundamente?

Hazte el propósito de repetir la frase con frecuencia. Puedes tratar de decirla cinco veces antes de dormir, cinco veces al despertar, y cinco veces en algún momento del día. Pon recordatorios en tu teléfono si es necesario. Escríbela en una tarjeta. Deja que la frase penetre tu pensamiento durante la próxima semana, y compártela con los que tienes contacto. Deja que se convierta en tu eslogan bíblico la semana próxima.

GUÍA DE ESTUDIO

CAPÍTULO UNO: LA PRÁCTICA DE REGOCIJARSE

Para comenzar

Si tienes acceso a grabaciones en línea, pon una muestra de la canción «Don't Worry Be Happy» [No te preocupes, sé feliz] de Bobby McFerrin. Ahora, busca y pon una estrofa del himno «A Cristo coronad», de Charles Wesley. En cuanto a estilos musicales, es obvio que son dos tipos diferentes de canciones, pero la mayor diferencia no es la música ni el ritmo, sino el mensaje. Habla con el grupo acerca del contraste en la filosofía de ambas canciones. ¿Cuál piensas que provee una base más fuerte para vivir con gozo? ¿Por qué?

Profundiza

Lee Filipenses 3:1 y 4:4.

Ahora ve a Hechos 16 y estudia cómo se fundó la iglesia de Filipos en los versículos 11-40. ¿Ves cómo el gozo que prevalece en la carta a los Filipenses ya era evidente durante la fundación de la iglesia, aun en medio del dolor y la persecución? ¿Dónde puede verse mejor la expresión de gozo en Hechos 16?

Busca en Habacuc 3:17-19 la frase que implica alegrarse en el Señor. ¿Qué nos dice esto acerca de nuestra capacidad para alegrarnos cuando todo parece andar mal?

- ¿Alguna vez has tenido en tu vida un período como el de Habacuc 3, donde te has podido regocijar aun cuando parece que todo se desmorona a tu alrededor?

¿Por qué las palabras «en el Señor» son tan importantes para la frase «alégrense siempre en el Señor»? El Dr. Morgan hace una lista de algunas de las cualidades de Dios por las que podemos regocijarnos, todas comenzando con la letra *P*. Escríbelas aquí:

- Su presencia
- Su p _____ y sus p _____
- Su p _____
- Su p _____
- Sus caminos y sus p _____
- Su provisión
- Su p _____
- Su p _____

En la lista anterior, encierra en un círculo la cualidad que tiene mayor significado para ti en estos momentos. ¿Puedes pensar en otras cualidades, atributos o bendiciones que puedas conectar con Dios y puedas añadir a la lista?

Sigue adelante

En el capítulo 1 de *Preocúpate menos, vive más*, el Dr. Morgan dice que regocijarnos en el Señor es: (1) un mandamiento que debemos obedecer, (2) una decisión que debemos tomar, (3) una condición que debemos cultivar, y (4) un ambiente que debemos crear. Cuando hacemos estas cosas, comenzamos a vivir la vida con un entusiasmo que edifica a otros. ¿Ha edificado a otros tu actitud diaria o los ha hundido? ¿Hay en este capítulo alguna idea práctica que puedas implementar esta semana?

¿En qué pequeño aspecto podrías ser más entusiasta esta semana?

Si decides regocijarte, ¿cómo lo verías o sentirías en tu vida presente? ¿Cómo puedes comenzar a hacerlo? Termina este estudio leyendo Santiago 1:2 y pídele al Señor que cultive en ti un espíritu perpetuo de gozo y alegría.

CAPÍTULO DOS: LA PRÁCTICA DE LA GENTILEZA

Para comenzar

Solo para divertirnos, imagínate ser un escriba antiguo con una copia de Filipenses 4:4-9 (RVC), pero a la que le faltan algunas palabras en el versículo 5. No tienes idea que Pablo escribió las palabras «que la gentileza de ustedes sea conocida de todos los hombres». Esa oración se dañó en tu rollo, y tienes que escribir algo para rellenar los espacios en blanco. ¿Qué hubieras elegido para una oración que se conecte de manera lógica en ese punto? Usa tu imaginación y trata de pensar como un erudito antiguo que tuvo que reconstruir una parte que falta del pasaje. Inserta tus palabras a continuación:

Regocíjense en el Señor siempre. Y otra vez les digo, ¡regocíjense! _____ _____ _____ _____ _____ _____ _____ _____ _____. El Señor está cerca. No se preocupen por nada. Que sus peticiones sean conocidas delante de Dios en toda oración y ruego, con acción de gracias, y que la paz de Dios, que sobrepasa todo entendimiento, guarde sus corazones y sus pensamientos en Cristo Jesús. Por lo demás, hermanos, piensen en todo lo que es verdadero, en todo lo honesto, en todo lo justo, en todo lo puro, en todo lo amable, en todo lo que es digno de alabanza; si hay en ello alguna virtud, si hay algo que admirar, piensen en ello. Lo que ustedes aprendieron y recibieron de mí; lo que de mí vieron y oyeron, pónganlo por obra, y el Dios de paz estará con ustedes.

Quizá escribieras una oración dando una mejor explicación del gozo, o tal vez dijeras algo acerca de la fe. Imagínate que insertaras una de estas frases del Salmo 100: «Adoren al SEÑOR con regocijo», o «Reconozcan que el SEÑOR es Dios», o «Somos su pueblo, ovejas de su prado» o «Entren por sus puertas con acción de gracias».
¿Por qué Pablo insertó una oración sobre la gentileza?

Ahora, mira el texto de nuevo y subraya las palabras *gentileza* en el versículo 5, *paz* en el versículo 7, *paz* en el versículo 9, y *amable* en el versículo 8 (RVC). Estas palabras no son sinónimas, ¿pero puedes ver cómo expresan una atmósfera diferente?

Regocíjense en el Señor siempre. Y otra vez les digo, ¡regocíjense! Que la gentileza de ustedes sea conocida de todos los hombres. El Señor está cerca. No se preocupen por nada. Que sus peticiones sean conocidas delante de Dios en toda oración y ruego, con acción de gracias, y que la paz de Dios, que sobrepasa todo entendimiento, guarde sus corazones y sus pensamientos en Cristo Jesús. Por lo demás, hermanos, piensen en todo lo que es verdadero, en todo lo honesto, en todo lo justo, en todo lo puro, en todo lo amable, en todo lo que es digno de alabanza; si hay en ello alguna virtud, si hay algo que admirar, piensen en ello. Lo que ustedes aprendieron y recibieron de mí; lo que de mí vieron y oyeron, pónganlo por obra, y el Dios de paz estará con ustedes.

Profundiza

Volvamos atrás y busquemos la palabra *gentileza* en la Escritura, y veamos algunos pasajes donde aparece. Busca los siguientes versículos y escribe una frase breve que describa lo que dicen acerca de ser gentil/amable:

- Proverbios 15:1 _____
- Proverbios 25:15 _____
- Mateo 11:29 _____
- Gálatas 5:22-23 _____
- Efesios 4:2 _____
- Colosenses 3:12 _____
- 1 Timoteo 3:3 _____
- 1 Timoteo 6:11 _____
- Tito 3:2 _____
- 1 Pedro 3:4 _____
- 1 Pedro 3:15 (BLPH) _____

Sigue adelante

En este capítulo, el Dr. Morgan sugiere que la gentileza: (1) reduce la ansiedad, (2) refleja a Cristo, (3) logra que se haga lo que hay que hacer, y (4) agrada al Señor. Nos da varios ejemplos, incluyendo el dueño de una tienda de ropas en su pueblo y el legendario entrenador de baloncesto John Wooden. Según tu experiencia, ¿puedes pensar en alguien que demuestre la cualidad bíblica de la gentileza? ¿En qué esta persona influyó o afectó en ti?

¿Te describirías como una persona gentil? ¿Qué relaciones en tu vida necesitan un toque de amabilidad y gentileza? Anótalos a continuación y convierte la lista en una lista de oración, no solo por las personas que anotaste, sino también por tu propia actitud y enfoque hacia las mismas:

- _____
- _____
- _____
- _____

Durante la semana, lleva contigo la pequeña frase de Filipenses 4:5. Escríbela en una tarjeta. Repítetela a través del día. Órala para tu vida. Colócala donde es más probable que te sientas molesto. *Que la gentileza de ustedes sea conocida de todos.*

CAPÍTULO TRES: LA PRÁCTICA DE LA CERCANÍA

Para comenzar

Piensa en un tiempo cuando te sobresaltó la presencia de alguien. Quizá creyeras que estabas solo, pero cuando miraste o te volviste, había alguien allí que no esperabas. ¿Cómo te sentiste?

¿Cómo crees que te sentirías si el Dios invisible de pronto se hiciera visible para ti? Lee Lucas 24:36-42. ¿Qué tal si sucediera ahora? ¿Cómo cambiaría lo que haces? ¿Alteraría algunos hábitos en tu vida?

Si sabemos que el Señor está siempre presente, ¿debe importarnos si podemos verlo de manera física o no? ¿No debería nuestra vida reflejar a cada instante nuestra conciencia de su presencia? ¿Por qué es tan difícil tener esto en mente?

Profundiza

En el capítulo tres, el Dr. Morgan sugiere que la frase «El Señor está cerca» en Filipenses 4:5, es objeto de dos interpretaciones: (1) Su venida está cerca, y (2) Su presencia está cerca. ¿Cuál crees que estaba más en la mente de Pablo cuando escribió esta oración?

Comencemos con la verdad acerca de la venida del Señor.

- Lee 1 Tesalonicenses 4:13-18. El versículo 13 nos dice que no ignoremos o nos entristezcamos como los que no tienen esperanza, y el versículo 18 dice que usemos estas palabras para animarnos unos a otros. ¿Qué te anima más acerca de la verdad de la segunda venida del Señor?

- Lee Romanos 8:18 y 2 Corintios 4:17. ¿Cómo debemos evaluar nuestras cargas y preocupaciones a la luz del regreso de Cristo? ¿Qué carga presente puedes ver de manera diferente si lo haces contra el trasfondo del cielo y la vida eterna?

Ahora, veamos la verdad acerca de la presencia constante del Señor. Lee Salmo 139:1-12. ¿Qué nos dice acerca de Dios? ¿Acerca de nosotros?

- El Dr. Morgan nos da varias categorías de versículos que hablan de la omnipresencia de Dios a nuestro alrededor: (1) los versículos acerca de la *cercanía*, (2) los versículos acerca de la *presencia*, (3) los versículos que contienen «*con*», y (4) los versículos que contienen «*cerca*». Revisa la lista de nuevo en el capítulo 3, y busca un versículo que pueda dominar como tu versículo favorito sobre este tema. ¿Qué te dice este versículo en particular?

- El Dr. Morgan enumera varios ejemplos de avivamientos, períodos en los que la presencia de Dios parecía magnificarse en diferentes lugares. ¿Alguna vez has tenido una experiencia similar?

Sigue adelante

Aunque queremos orar y prepararnos para el avivamiento, no solo debemos esperar manifestaciones especiales de la presencia de Dios, pues andamos por fe y no por vista. Uno de los mayores secretos para disfrutar de la presencia permanente del Señor es desarrollar una vida de oración significativa. Toma tu lápiz y subraya cualquier forma de la palabra «cerca» en los dos versículos siguientes:

Santiago 4:8: «Acérquense a Dios, y él se acercará a ustedes».

Deuteronomio 4:7: «¿Qué otra nación hay tan grande como la nuestra? ¿Qué nación tiene dioses tan cerca de ella como lo está de nosotros el Señor nuestro Dios cada vez que lo invocamos?

¿Qué pequeño hábito puedes comenzar, modificar, fortalecer o volver a comenzar esta semana que te ayudará a reconocer mejor la presencia constante de Dios?

CAPÍTULO CUATRO: LA PRÁCTICA DE LA ORACIÓN

Para comenzar

Si tuvieras tu teléfono celular conectado al trono de Dios en el cielo dándote acceso instantáneo a Dios mismo cada vez que lo enciendas, ¿cómo te sentirías? Si pudieras llamarlo y hablar con Él de cualquier problema en tu vida, ¿cuál sería? ¿Qué le dirías?

¿Qué crees que te diría Él hoy?

¿Qué pasaje de la Escritura te sugeriría que leyeras?

Profundiza

Tenemos una línea directa al cielo, por lo que la Biblia dice en Filipenses 4:6: «No se preocupen por nada. Que sus peticiones sean conocidas delante de Dios en toda oración y ruego, con acción de gracias» (RVC). ¿Cómo abre esto tu línea al cielo? ¿Cuál es el mayor obstáculo en tu vida de oración?

El Dr. Morgan escribió: «De alguna manera, el apóstol Pablo exprimió, condensó y comprimió dos grandes capítulos de la Biblia, el Salmo 37 y Mateo 6, en un versículo increíble: Filipenses 4:6, donde cada frase es una maravilla de la psicología y espiritualidad».

Miremos más de cerca estos dos capítulos. ¿Cómo las palabras de Pablo en este versículo reflejan lo que David dijo en el Salmo 37:1-9?

¿Cómo reflejan las palabras de Pablo lo que Jesús dijo en Mateo 6:5-33?

¿Por qué nos resulta difícil «llevar nuestras cargas al Señor y dejarlas allí»?

Sigue adelante

El Dr. Morgan describe tres patrones de oración que debemos practicar: (1) oraciones diarias, (2) oraciones del Día-D, y (3) oraciones a lo largo del día. De las tres, ¿cuál practicas con más frecuencia?

¿Tienes alguna historia de oración contestada que puedas contársela a alguien?

Esta semana, prueba un experimento. Parece un poco legalista, pero no te costará intentarlo como un experimento. Usa el cronómetro de tu teléfono y decide orar, solo y en voz alta, por una cierta cantidad de minutos al día, por ejemplo, diez minutos. Varias personas en las Escrituras oraban en voz alta, pero muchos cristianos modernos se han alejado de la oración dicha en privado. Prueba esto durante unos cuantos días y mira a ver si te resulta más natural con cada día que pasa. Habla con el Señor como si estuviera parado o sentado junto a ti... ¡porque lo está!

GUÍA DE ESTUDIO

CAPÍTULO CINCO:
LA PRÁCTICA DE LA GRATITUD

Para comenzar
Anota algunas de las grandes verdades espirituales que pueden resumirse en solo dos o tres palabras:

- ¡Alégrense siempre!
- ¡Alaba a Dios!
- ¡Oremos!
- ¡Sé fuerte!

A veces los mayores conceptos requieren la menor cantidad de palabras. Ahora, piensa en el poder de las cuatro palabras que aparecen entre la coma y el punto en Filipenses 4:6: «con acción de gracias»(RVC).

Trata de recordar algún tiempo en tu vida cuando todo salía mal, pero en medio de todo, encontraste algo, grande o pequeño, por lo cual dar gracias. ¿Cuándo y dónde fue eso? ¿Qué diferencia marcó la gratitud en tu estado de ánimo, tu moral o tu perseverancia?

Profundiza
En este capítulo, el Dr. Morgan habla de (1) la teología de la gratitud, (2) la psicología de la gratitud, y (3) la metodología de la gratitud. Como también señala, Colosenses le sigue a Filipenses. Igual que el concepto del gozo está entretejido por todo Filipenses, el concepto de la gratitud está entretejido por todo Colosenses. De alguna manera, Colosenses es una exposición de las palabras «con acción de gracias» que encontramos en Filipenses 4:6.

En Colosenses 1:3-6, ¿por qué Pablo le daba gracias a Dios?

En Colosenses 1:10-12, el Señor nos da la fórmula para agradarle. Anotémoslas. El versículo 10 dice: «para que vivan de manera digna del Señor, agradándole en todo».

- Dar fruto en _____
- Crecer en _____
- Fortalecidos en _____
- Con alegría _____

¿Por qué le interesan tanto a Dios estos elementos en particular?

¿Cómo te va en estos cuatro aspectos? ¿Cuál necesitas fortalecer?

En Colosenses 2:6-7, encontramos tres aspectos más en los que debemos vivir para Dios. El versículo dice: «Por eso, de la manera que recibieron a Cristo Jesús como Señor, vivan ahora en él».

- Arraigados y _____
- Confirmados en _____
- Y llenos de _____

¿Qué significa esta última frase? ¿Cómo se ven esas personas? ¿Cómo actúan? ¿Puedes ver cómo esto minimizaría su tendencia a preocuparse?

En Colosenses 3:15, ¿qué pasa si dejamos que la paz de Cristo gobierne en nuestros corazones?

En Colosenses 3:17, ¿cómo debemos hacer todo lo que hagamos cada día? ¿Te imaginas cómo tu actitud sería diferente si personificaras este versículo?

En Colosenses 4:2, ¿cómo nos dice el Señor que debemos orar?

Sigue adelante

Al hablar acerca de la metodología de la gratitud, el Dr. Morgan nos da diez sugerencias para cultivar el hábito de dar gracias. ¿Cuáles de estas podrían convertirse en un plan realista en tu vida? Concéntrate en una o dos durante esta semana. ¿Cómo puedes comenzar a implementar esto hoy o mañana?

¿Tienes otra idea que no está en la lista?

¿Qué pequeños pasos puedes dar ahora mismo para cultivar un espíritu agradecido?

CAPÍTULO SEIS: LA PRÁCTICA DEL PENSAMIENTO

Para comenzar

En estos días, leemos acerca de veteranos combatientes en zonas de guerra que, una vez en casa, se sobresaltan por, digamos, un globo que explota en una fiesta de cumpleaños, lo que de manera comprensible desencadena un ataque de pánico. ¿Qué te produce ansiedad? Si batallas contra el estrés traumático, ¿qué te provoca un ataque? Si padeces de ansiedad ocasional, ¿qué pensamientos la causan?

Describe un tiempo en el que podrías trazar una línea directa entre lo que pensaba tu mente y lo que sentían tus emociones. ¿Crees que es posible cambiar tus emociones si cambias tus pensamientos?

Lee de nuevo o discute algunas de las citas que el Dr. Morgan da en las primeras páginas de este capítulo, tanto de la Biblia como de otras fuentes no cristianas. ¿Tienes algún ejemplo personal de Proverbios 4:23 (PDT): «Cuida tus pensamientos porque ellos controlan tu vida»?

En general, ¿cuán saludables son tus pensamientos?

Profundiza

Lee estos tres textos paralelos acerca de la meditación de la Biblia, y escribe en el cuadro que sigue las promesas que da cada versículo:

- Josué 1:8
- Salmo 1:2-3
- Santiago 1:25

GUÍA DE ESTUDIO

Mandamiento	Promesa
Josué 1:8	
Recita siempre el libro de la ley y medita en él de día y de noche; cumple con cuidado todo lo que en él está escrito.	Así...
Salmo 1:2-3	
[...] en la ley del Señor está su deleite, y en su ley medita de día y de noche.	Será como...
Santiago 1:25	
Pero quien se fija atentamente en la ley perfecta que da libertad, y persevera en ella, no olvidando lo que ha oído, sino haciéndolo...	Recibirá...

Compara estos tres pasajes con cuidado. Uno se encuentra casi al principio de la Biblia, otro está en el medio y el otro casi al final. Sin embargo, nos exhortan a hacer lo mismo con la Escritura, y todos repiten el mismo conjunto esencial de promesas. ¿Puedes ver el significado?

¿Cómo la meditación de las Escrituras te guía a la vida que promete Dios?

Estos versículos son de Josué, del salmista y de Santiago. ¿Cómo crees que el apóstol Pablo habría declarado esta promesa? ¿Eso fue lo que hizo en Filipenses 4:8?

Observa cómo el proceso de santificación se describe con más detalle en Romanos 12:2. ¿Cómo resumirías y presentarías esta enseñanza bíblica en una declaración tuya original?

Sigue adelante

En su libro *Reclaiming the Lost Art of Biblical Meditation*, el Dr. Morgan dice que debemos tener versículos bíblicos circulando en nuestra mente como agua a través de una fuente o el aceite a través de una máquina[1]. Haz una lista de dos o tres hábitos que puedes desarrollar a fin de practicar mejor las instrucciones bíblicas sobre la meditación de la Escritura.

¿Hay un pasaje o un versículo que puedas comenzar a memorizar? ¿Cuáles son los primeros pasos que puedes dar si decidieras comenzar a desarrollar un hábito diario para la memorización de las Escrituras?

GUÍA DE ESTUDIO

CAPÍTULO SIETE:
LA PRÁCTICA DEL DISCIPULADO

Para comenzar
Nombra una o dos personas que tuvieron la mayor influencia sobre ti como mentores. ¿Por qué fueron tan importantes y qué aprendiste más de ellos?

Profundiza
Repasa Filipenses 4:9, Filipenses 3:17 y 1 Corintios 11:1. ¿Te sentirías cómodo haciendo estas declaraciones?

Piensa en el discipulado de Pablo con Timoteo.

- Lee Hechos 16:1-6
- ¿Qué edad crees que tendría Timoteo?

- ¿Qué implicaciones puedes sacar de la descripción de sus padres?

- Consulta 2 Timoteo 1:4-5 y 2 Timoteo 3:14-15.

- Al leer 1 Timoteo 5:23, ¿qué podemos aprender acerca de Timoteo?

- Según estos versículos, ¿cómo describirías a Timoteo?

- ¿Cuán importante fue que Pablo viniera a la vida de Timoteo cuando lo hizo?

- ¿Qué palabra usa para describir a su discípulo en 1 Timoteo 1, versículos 2 y 18? ¿Qué implica esto?

Estudia 2 Timoteo 2:1-2.
- Fíjate en el inicio del versículo 1. ¿Por qué Pablo le daría este mandamiento?

- Traza la cadena de transmisión que le da en el versículo 2.

>Lo que me has oído decir
>Encomiéndalo a creyentes dignos de confianza
>Que a su vez estén capacitados para enseñar a otros

- Compáralo con Juan 17:20.

En Mateo 28:19, ¿qué nos dice Jesús que hagamos?

¿Cuál crees que es tu papel en este proceso? ¿Cómo puedes ser parte de la cadena de discipulado que todavía se forja después de dos mil años?

Sigue adelante

¿Tienes o necesitas un mentor? ¿En qué aspecto de la vida? ¿Tienes a alguien en mente que pueda ayudarte a avanzar a la próxima etapa de tu experiencia cristiana?

¿Qué libros han influido más en ti, o qué libros están en tu lista para leer?

Piensa en alguien, un hijo, nieto, alumno, amigo o incluso un extraño, en quien podrías influir, dada la oportunidad. ¿Quién es? ¿Hay algunos pasos que puedas dar a fin de estimular el proceso? ¿Cuáles son?

CAPÍTULO OCHO: LA PRÁCTICA DE LA PAZ

Para comenzar

Cierra los ojos e imagínate la escena más pacífica que pueda pintar tu mente. Cuando piensas en la *paz*, ¿qué imágenes te vienen a la mente? Si fueras un artista y quisieras pintar una escena de paz, ¿qué plasmarías en el lienzo?

Busca el Salmo 23:2. ¿Esto proporciona un cuadro de paz?

¿Qué tal el Salmo 23:4?

Haz una búsqueda en línea, y mira a ver si puedes encontrar una copia de la pintura llamada *Peace in the Midst of the Storm* [Paz en medio de la tormenta], de Jack E. Dawson. Si no puedes encontrar el cuadro, hay una vieja historia que describe el mismo concepto. Había una vez un rey que ofreció un premio al artista que pintara el mejor cuadro acerca de la paz. Muchos pintores lo intentaron. El rey miró todos los cuadros, pero solo había dos que le gustaron y tenía que elegir entre ellos. Uno era de un lago en calma. El lago era un espejo perfecto, debido a que apacibles montañas imponentes estaban a su alrededor. En lo alto, se desplegaba un cielo azul con esponjosas nubes blancas. El otro cuadro también tenía montañas, pero estaban pedregosas y desnudas. Por encima había un cielo encolerizado de donde caía la lluvia y en el que se batían los relámpagos. A un lado de la montaña corría una cascada espumosa. De ninguna manera esto mostraba la paz. Entonces, cuando el rey se fijó bien. Por detrás de la cascada crecía un pequeño arbusto en una grieta de la roca. En ese arbusto, una avecita construyó su nido. Allí, en medio de la avalancha de aguas embravecidas, estaba la mamá pájara sentada en su nido, en perfecta paz. ¿Cuál de los cuadros ganó el premio?

¿Qué nos dice esto acerca de la genuina paz interior y espiritual?

Profundiza

En el Salmo 4:8, la paz de Dios nos permite _____
_____.

En el Salmo 29: 10-11, ¿qué beneficios nos ofrece la entronización soberana de Dios en los cielos?

_____.

GUÍA DE ESTUDIO

En el Salmo 85:8, ¿qué dice Dios cuando lo escuchamos a Él?
_____.

Según el Salmo 85:10, la paz besa a una compañera maravillosa. ¿Quién es?
_____.

¿Qué nos da «completa paz» en el Salmo 119:165 (RVC)?
_____.

Proverbios 14:30 (NTV) señala otro gran beneficio de la paz interior. Esta da _____
_____.

Según Isaías 26:3-4, ¿qué nos mantiene en perfecta paz?
_____.

¿Qué hizo Cristo para darnos esta clase de paz? Isaías 53:5 dice:
_____.

Según Juan 14:27, ¿cómo describió Jesús la clase de paz que Él les proporciona a sus hijos?
_____.

¿Y en Juan 16:33?
_____.

¿Cómo se describe nuestra mente cuando la controla el Espíritu Santo (Romanos 8:6, NTV)?
_____.

¿Quién debe gobernar en nuestros corazones (Colosenses 3:15)?
_____.

Si fueras un automóvil cuyo radiador se supone que esté lleno de paz líquida, ¿estarías lleno? ¿A la mitad? ¿Vacío?
_____.

Ahora, lee otra vez Filipenses 4:4-9. ¿Qué tiene que pasar en tu vida para que puedas entender de tal forma la práctica de la paz que transforme tu personalidad?
_____.

Sigue adelante

En nuestra guía que detalla paso a paso la paz interior, vimos el regocijo, la gentileza, la cercanía, la oración, la gratitud, la meditación y el discipulado. Según Filipenses 4:4-9, si estas prácticas se forman en nuestra vida, debemos tener una creciente sensación de paz. ¿Tienes tú esa creciente sensación de paz? Según tu propia experiencia, ¿en cuál de las ocho prácticas descritas en *Preocúpate menos, vive más* debes esforzarte más? ¿Qué pasos puedes dar ahora para mejorar?

Nota de nuevo las tres palabras al final del versículo 7: «La paz de Dios, que sobrepasa todo entendimiento, guarde sus corazones y sus pensamientos en *Cristo Jesús*» (RVC). Asegúrate de haberle entregado tu vida a Él, confesando tus pecados, recibiéndolo como Salvador y reconociéndolo como Señor. Este es el principio de la vida que entierra la preocupación en la tumba vacía de Jesús. Si no estás seguro de tu relación con Dios, eleva esta sencilla oración y síguela con las verdades aprendidas en este capítulo:

GUÍA DE ESTUDIO

Querido Dios:
Sé que me amas y creo que Cristo murió para darme paz contigo y la paz interior en mi corazón. Te confieso mis pecados. Con tu ayuda, me alejaré de ellos. Aquí y ahora recibo a Jesucristo como mi Salvador y Señor. Gracias por este momento. En el nombre de Jesús, amén.

En consecuencia, ya que hemos sido justificados mediante la fe, tenemos paz con Dios por medio de nuestro Señor Jesucristo.

Romanos 5:14

Nota: Puedes añadir una décima lección dedicando una sesión final a testimonios y compañerismo, o preparando un mensaje devocional o una lección sobre la segunda parte de Filipenses 4 que se enfoque en los versículos 10-20. Además, asegúrate de revisar los demás libros del Dr. Robert J. Morgan con sus guías de estudio:

Las reglas del Mar Rojo: 10 estrategias dadas por Dios para los tiempos difíciles
Crisis 101 (serie de estudios en vídeo basada en Las reglas del Mar Rojo)
Mastering Life Before It's Too Late
The Lord Is My Shepherd
Simple: The Christian Life Doesn't Have to Be Complicated

Para más información, visita robertjmorgan.com.

NOTAS

Prefacio
1. Stephanie Samuel, «Bible's Most Popular Verse Is "Be Anxious for Nothing", Says Amazon», *The Christian Post*, 9 de noviembre de 2014, www.christianpost.com /news/bibles-most-popular-verse-is-be-anxious-for-nothing-says-amazon-129346/.

Introducción
1. Amy Spencer, «Amanda Seyfriend: The Most Down-To-Earth member of the Glam New Guard," Glamour, www.glamour.com/magazine/2010/03/amanda-seyfried-the-most-down-to-earth-member-of-the-glam-new-guard.
2. Me encontré con esta cita hace mucho tiempo, pero no sé cuál es su fuente original; Una opción es el novelista de misterio Arthur Somers Roche.
3. T. M. Luhrmann, «The Anxious Americans», *New York Times*, www.nytimes.com/2015/07/19/opinion/sunday/the-anxious-americans.html.
4. Richard Harris, «Could Your Child's Picky Eating Be a Sign of Depression?», All Things Considered, NPR, www.npr.org/sections/health-shots/2015/08/03/428016725/could-your-childs-picky-eating-be-a-sign-of-depression.

NOTAS

5. Carolyn Gregoire, «The Surprising Link Between Gut Bacteria and Anxiety», Huffington Post, www.huffingtonpost.com/2015/01/04/gut-bacteria-mental-healt_n_6391014.html.
6. Andrew S. Fox, et al, «Intergenerational Mediators of Early-Life Anxious Temperament, Proceedings of the National Academy of Sciences», 112, no. 29, 9118-22, http://pnas.org/content/112/29/9118full.
7. Susanna Schrobsdorff, «The Kids Are Not All Right», *Time*, 7 de noviembre de 2016, pp. 44-47.
8. George Müller, *The Autobiography of George Müller*, Whitaker House, New Kensington, PA 1984, p. 155.
9. Gretchen Rubin, *Mejor que nunca: Aprende a dominar los hábitos de la vida cotidiana*, editorial Aguilar, un sello de Penguin Random House Grupo Editorial, Nueva York, p. 70 en el lector de libros electrónicos Kindle (del original en inglés).
10. *Ibidem*, p. 155 en el Kindle (del original en inglés).
11. *Ibidem*, p. 215 en el Kindle (del original en inglés).

Capítulo 1: La práctica de regocijarse
1. «Don't Worry Be Happy» [No te preocupes, sé feliz], Wikipedia, en.wikipedia.org/wiki/Don%27t_Worry,_Be_Happy.
2. Samuel Bradburn, *Select Letters: Chiefly on Personal Religion, by the Rev. John Wesley*, T. Mason and G. Lane, Nueva York, 1838, p. 14.
3. Phyllis Thompson, *Count It All Joy*, Harold Shaw Publishers, Wheaton, IL, 1978, p. 13.
4. *Ibidem*, p. 14.
5. *Ibidem*, contracubierta.
6. Joy Ridderhof, *Are You Rejoicing?*, Global Recordings Network, Los Ángeles, CA, 1984, entrada del día 1.
7. Katie Hoffman, *A Life of Joy*, Ano Klesis Publishing, sin lugar, 2006, pp. 150-51.
8. Harry Bollback, Our Incredible Journey, Word of Life Fellowship, Schroon Lake, NY, 2011, p. 33.
9. *Ibidem*, p. 181.

NOTAS

Capítulo 2: La práctica de la gentileza
1. Mónica Cantilero, «Married for 75 Years Without a Single Fight», *Christianity Today*, 11 de agosto de 2015, www.christiantoday.com/article/married.for.75.years.without.a.single.fight.us.christian.couple.gets.medias.attention/61583.htm.
2. Jessica Bringe, «Area Couple Celebrates 75 Years of Marriage», WEAU News, www.weau.com/home/headlines/Area-couple-celebrates-75-years-of-marriage-320981951.html.
   Nota de la traductora: El autor relata la trayectoria de las palabras *gentle* y *gentleness* en inglés. En español la trayectoria es similar, excepto que junto con el francés antiguo, *gentil*, también se ramificó al español y otros idiomas románticos, con los mismos significados.
3. Fred Smith, Sr., *Desayuna con Fred*, Editorial Vida, Miami, FL, 2009, pp. 48-49 (del original en inglés).
4. Helen Steiner Rice, *Poems of Faith*, Guideposts, Carmel, NY, 1981, pp. 33-34.
5. Donna Kincheloe, *I Never Walk the Halls Alone*, ACW Press, Nashville, TN, 2007, pp. 72-74.
6. *Ibidem*.
7. Phil Mason, *Napoleon's Hemorrhoids: And Other Small Events That Changed the World*, Skyhorse Publishing, Nueva York, 2009, p. 31.
8. Basado en una conversación con Rocky Forshey; usado con permiso.
9. John Wooden, *The Essential Wooden*, McGraw-Hill, Nueva York, 2007, pp. 8-9.
10. *Ibidem*.
11. *Ibidem*, p. 11.
12. Citado por Harold C. Lyon en *Tenderness Is Strength: From Machismo to Manhood*, Harper & Row, Nueva York, 1977, p. 7.

Capítulo 3: La práctica de la cercanía
1. Maxwell Cornelius, «Allá, allá, Él nos dirá», himno publicado en 1891.

2. Esta historia apareció en numerosos periódicos en septiembre de 1981, incluyendo *Gaffney Ledger*, 4 de septiembre de 1981; *Schenectady Gazette*, 4 de septiembre de 1981; *Daytona Beach Morning Journal*, 4 de septiembre de 1981; y en Steve Petrone, «Woman, 85, Proves She's Tough-As-Nails After Her 4 Days in Horror Swamp», *Weekly World News*, 29 de septiembre de 1981.
3. Frank Bartleman, *Azusa Street: El avivamiento que cambió el mundo*, Editorial Peniel, Medley, FL, 2006, p. 78 (del original en inglés).
4. Wesley Duewel, *Revival Fire*, Zondervan, Grand Rapids, 1995, p. 101.
5. *Ibidem*, p. 134.
6. *Ibidem*, pp. 141, 183-84.
7. A.W. Tozer, *El conocimiento del Dios santo*, Editorial Vida, Deerfield, FL, 1996, p. 83.
8. William M. Anderson, *The Faith That Satisfies*, Loizeaux Brothers, Nueva York, 1948, p. 165.

Capítulo 4: La práctica de la oración

1. Murat Halstead, *The Illustrious Life of William McKinley: Our Martyred President*, Murat Halstead, sin lugar, 1901, p. 422.
2. James Ford Rhodes, *The McKinley and Roosevelt Administrations, 1897-1909*, The Macmillan Company, Nueva York, 1922, p. 107. No todos los eruditos aceptan la precisión histórica de este relato.
3. Recuerdo que hace años escuché a Vance Havner usar una frase similar.
4. Por ejemplo, consulta el *New International Greek Testament Commentary*.
5. Adaptado de numerosos artículos periodísticos, incluyendo «Fliers' Prayers Answered», www.nzherald.co.nz/nz/news/article.cfm?c_id=1&objectid=10511547; y «Pilot of Doomed Aircraft Claims That His Passenger's Prayers Helped the Pair Land Safely», www.dailymail.co.uk/news/article-1020917/Pilot-

doomed-aircraft-claims-passengers-prayers-helped-pair-land-safely.html; and other similar articles.
6. J. Oswald Sanders, *Effective Prayer*, OMF International, Londres, 1961, p. 13.
7. Conversación personal con el Dr. Don Wyrtzen y basado en notas para su clase sobre adoración y oración, distribuidas en *Liberty University* el 8 de octubre de 2015.
8. Esta narración se basa en numerosas historias en los medios, incluida la de James P. Moore, «American Prayers, On D-Day and Today», *Washington Post*, 6 de junio de 2004, p. B03. Además, consulta en *The American Legion Magazine*, el vol. 116-17, p. 81. Mark Batterson también investigó esta historia y la contó en su libro *ID: The True You*, Xulon Press, Maitland, FL 2004, pp. 88-89.
9. La copia original de este discurso se muestra en la Biblioteca y Museo Presidencial Franklin D. Roosevelt en Hyde Park, Nueva York.
10. Cameron V. Thompson, *Master Secrets of Prayer*, Light for Living Publications, Madison, GA, 1990, p. 65.
11. Charles A. Tindley, «Leave It There», himno publicado en 1916.
12. Michele Robbins, *Lessons from My Parents: 100 Moments That Changed Our Lives*, Familius, Sanger, CA, 2013, pp. 4-5.
13. *Ibidem*.
14. «Miracle Well Supplies Water for Troops in Desert Storm», *Tuscaloosa News*, 22 de agosto de 1992, basado en el relato de Krulak sobre la historia en un almuerzo patrocinado por el *Public Service Fellowship* en Washington, DC.

Capítulo 5: La práctica de la gratitud
1. Daniel Haun, «2013: What Should We Be Worried About? Global Cooperation Is Failing and We Don't Know Why», Edge, https://www.edge.org/response-detail/23773.
2. Peter Schwartz, «2013: What Should We Be Worried About? A World of Cascading Crises», Edge, https://www.edge.org/response-detail/23881.

3. John Tooby, «2013: What Should We Be Worried About? Unfriendly Physics, Monsters from the Id, and Self-Organizing Collective Delusions», Edge, https://www.edge.org/response-detail/23867.
4. *Ibidem.*
5. Ruth Bell Graham, *It's My Turn*, Fleming H. Revell Company, Old Tappan, NJ, 1982, pp. 136-37.
6. *Ibidem.*
7. Albert Mohler, "Thanksgiving as a Theological Act», 23 de noviembre de 2016, AlbertMohler.com, http://www.albertmohler.com/2016/11/23/thanksgiving-theological-act-mean-give-thanks/.
8. Citado por Sally Clarkson y Sarah Clarkson en *The Lifegiving Home*, Tyndale House, Carol Stream, IL, 2016, p. 213.
9. Robert A. Emmons, *¡Gracias! De cómo la gratitud puede hacerte feliz*, Ediciones B, S.A., España, 2007, p. 11 (del original en inglés).
10. *Ibidem*, p. 22.
11. *Ibidem*, p. 3.
12. *Ibidem*, p. 11.
13. Janice Kaplan, *The Gratitude Diaries: How a Year Looking on the Bright Side Can Transform Your Life*, Dutton, Nueva York, 2015, p. 183 en el Kindle.
14. *Ibidem*, p. 148 en el Kindle.
15. *Ibidem*, pp. 188-89 en el Kindle.
16. Martin Rinkart, «De boca y corazón», 1636, traducido al español por Federico Fliedner.
17. Linda Derby, *Life's Sticky Wick*, manuscrito publicado por cuenta propia, 2010. Usado con permiso.
18. *Ibidem.*
19. Carmel Hagan, «The Secret to an Efficient Team? Gratitude», 99U.com, http://99u.com/articles/37261/the-secret-to-an-efficient-team-gratitude.
20. E.A. Johnston, *J. Sidlow Baxter: A Heart Awake*, Baker Publishing Group, Grand Rapids, 2005, pp. 124-26.

21. *Ibidem.*
22. *Ibidem.*
23. *Ibidem.*

Capítulo 6: La práctica del pensamiento
1. Lillian Eichler Watson, *Light from Many Lamps*, Simon and Schuster, Nueva York, 1951, pp. 169-74.
2. «Ralph Waldo Emerson Quotes», *Brainy Quote*, consultado el 28 de junio de 2017, www.brainyquote.com/quotes/quotes/r/ralphwaldo108797.html.
3. Arthur L. Young, «Attitude and Altitude», *New Outlook: Volume 8*, número 11, noviembre de 1955, p. 42.
4. James Allen, *Como un hombre piensa así es su vida*, BN Publishing, La Vergne, Tennessee, 2008, pp. 3, 22, 25 (del original en inglés).
5. *Ibidem*, p. 43.
6. The Theosophical Society in America, *The Theosophical Quarterly*, 25, 1927, p. 185. También relaciono esta historia en mi libro devocional, *All to Jesus*.
7. *Ibidem.*
8. Citado en J.I. Packer, *Knowing God*, InterVaristy Press, Downers Grove, 1973, p. 13.
9. Parte de este material se adaptó de mi libro *Reclaiming the Lost Art of Biblical Meditation*, HarperCollins, Nashville, 2016, donde el lector puede encontrar estas ideas expandidas en diversas aplicaciones prácticas.
10. Geoffrey T. Bull, *When Iron Gates Yield*, Moody Press, Chicago, en varias partes.
11. Estas ideas provienen de asistir a un seminario del *Institute of Basic Youth Conflicts* en la década de los setenta.
12. Según se le dijo al Dr. Gary Mathena, director de práctica de la Escuela de Música de *Liberty University*, por su padre el Dr. Harold Mathena.

Capítulo 7: La práctica del discipulado

1. *The Obstinate Horse and Other Stories from the China Inland Mission*, Kingsley Press, Shoals, IN, 2012, capítulo 1.
2. *Ibidem*.
3. Mary K. Crawford, *The Shantung Revival* (The Revival Library, www.revival-library.org), y Dennis Balcombe, *China's Opening Door*, Charisma House, Lake Mary, FL, 2014, p. 27.
4. William Wilberforce, *The Correspondence of William Wilberforce, Volume 1*, John Murray, Londres, 1840, pp. 131–33.
5. *Ibidem*.
6. «The Wisdom of Love», por Ian Maclaren, en *The Advance*, 8 de marzo de 1906, pp. 298–99. Es probable que esta historia sea una obra de ficción de Maclaren, pero bien pudo haber sido un relato ficticio de las experiencias del pastor escocés John Watson, mejor conocido por su seudónimo literario: Ian Maclaren. En otras palabras, la historia de John Carmichael parece que fuera una autobiografía hecha de ficción.
7. Puedes ver y escuchar estas conferencias en buckhatchlibrary.com, ¡y te alegrarás de haberlo hecho!
8. Bill Bright, *Revival Fires*, New Life Publications, Orlando, FL, 1995, pp. 83–84.

Capítulo 8: La práctica de la paz

1. Thomas Watson, *A Body of Practical Divinity*, James Kay, Filadelfia, p. 224.
2. Charles Haddon Spurgeon, *The Metropolitan Tabernacle Pulpit: Sermons Preached and Revised By C. H. Spurgeon During the Year 1890: Volume 36*, Passmore & Alabaster, hasta la fecha, Londres, pp. 421 y 430.
3. Annie Johnson Flint, «Su gracia es mayor», copyright 1941, asignado en 1954 a Lillenas Publishing Company.
4. Basado en conversaciones con Karen Singer y adaptado de Hubert Mitchell, *The Story of a Nail*, Westmar Printing, Inc., Santa Clara, CA, 1978.
5. Frances Ridley Havergal, «Like a River Glorious», 1876.

6. *Ibidem.*
7. Joyce Burlingame, *Living with Death, Dying with Life*, Westbow, Bloomington, IN, 2015, pp. 130–31.
8. Basado en una entrevista personal.

Conclusión: «¡No te preocupes!»
1. Warren D. Cornell y William G. Cooper, «Paz, paz, cuán dulce paz», himno publicado en 1889.

Un pensamiento para terminar
1. Por supuesto, no existe la «Versión Diaria del Diablo», excepto la que experimentamos por nosotros mismos cada vez que vivimos en la duda y la desobediencia.

¡Bienvenido a nuestro estudio!
1. Robert J. Morgan, *Reclaiming the Lost Art of Biblical Meditation*, HarperCollins, Nashville, 2016, p. xi.

ACERCA DEL AUTOR

Rob Morgan es pastor docente de *The Donelson Fellowship*, en Nashville, Tennessee, donde ha servido durante más de treinta y cinco años. Es escritor de superventas y ganador del Medallón de Oro con treinta libros y más de cuatro millones de ejemplares impresos. Se ha presentado en programas de radio y televisión nacionales, y está disponible para hablar en conferencias, escuelas, iglesias y eventos. Rob y su esposa, Katrina, tienen tres hijas y catorce nietos.

NOTAS

NOTAS

NOTAS